CATALOGUE SPÉCIAL

DE

MOBILIER, MATÉRIEL SCOLAIRES

ET

ACCESSOIRES DE CLASSES

1890

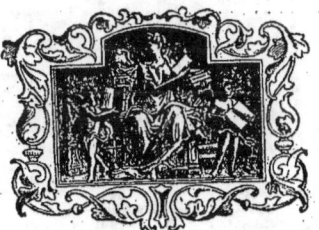

PARIS

LIBRAIRIE CH. DELAGRAVE

15, RUE SOUFFLOT, 15.

Le port et l'emballage sont toujours en sus des prix indiqués et au compte du der

TABLE DES MATIÈRES

DEUXIÈME PARTIE

DÉPOT LÉGAL
Série
N° 38
1840

Voir, pour la première partie, le *Catalogue spécial de Fournitures scolaires*,
et, pour la troisième partie, le *Catalogue spécial de Dessin.*

ARMOIRES EN CHÊNE FORTES MONTÉES

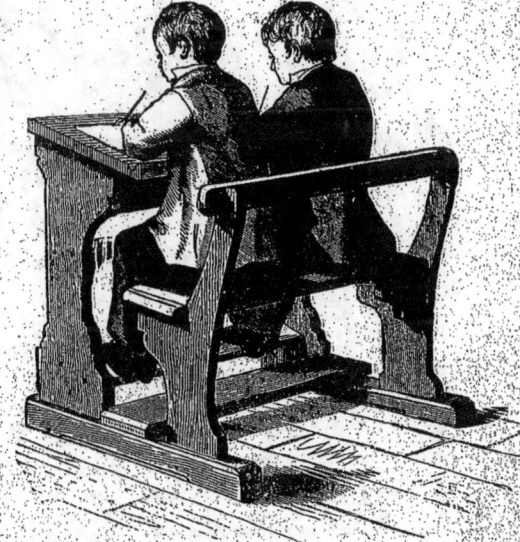

	à vis.
2ᵐ00 de h., 1ᵐ00 de face, 44 c. de pr., 4 tablettes.	**147** »
2ᵐ00 — 1ᵐ15 — 45 c. — 4 —	**157** »
2ᵐ30 — 1ᵐ30 — 50 c. — 5 —	**210** »

Les tablettes sont à crémaillères.

ARMOIRES HÊTRE ET BOIS BLANC

1ᵐ80 de h., 0ᵐ80 de face, 42 de pr., 3 tablettes.	**42** »
2ᵐ00 — 1ᵐ00 — 44 — 4 —	**56** »
2ᵐ15 — 1ᵐ15 — 46 — 4 —	**66** »
2ᵐ30 — 1ᵐ30 — 48 — 5 —	**75** »

Pour les tablettes à crémaillères, en plus 6 fr. 50.

Armoire chêne fort.

BANC-TABLE DES ÉCOLES PRIMAIRES (DÉPOSÉ)

Ce modèle est, suivant les besoins, construit en chêne ou en sapin : dans ce dernier cas, les parties qui supportent le roulement et les assemblages principaux sont toujours en chêne.

Le siège contient deux places et, avec son pupitre, comprend trois dimensions différentes, qui correspondent aux différentes tailles d'élèves de 8 à 14 ans. (âge scolaire.)

Le nᵒ 1 est destiné aux enfants de 8 à 10 ans.
— 2 de 10 à 12 —
— 3 de 12 à 14 —

Les prix pour chacun de ces trois modèles sont les suivants :

En sapin : la place. **15 50**
En chêne : la place. **35** »

Avec pupitres articulés :
7 fr. 50 de plus par place.

NOUVELLE TABLE SCOLAIRE

Système LHUILLIER (breveté s. g. d. g.)

En usage dans le département de la Seine

Hygiène, morale, commodité, élégance même, tels sont les avantages que présente la *Nouvelle table scolaire* de M. Lhuillier.

L'auteur, officier de l'Instruction Publique, est depuis longtemps directeur d'une école très importante de la Seine.

En cette qualité, il a été à même de constater souvent les inconvénients d'un mobilier scolaire défectueux, et s'est appliqué à rechercher les améliorations qu'il fallait y apporter.

Hygiène. — Plus de difformités ni de myopie avec la table de M. Lhuillier.

Ses cinq types satisfont pleinement à toutes les exigences d'une bonne hygiène.

Siège à dossier, inclinaison du plateau pour l'écriture, et d'un petit pupitre portatif pour la lecture, dimensions en rapport avec les différentes tailles des élèves, etc., tout contribue au bien-être ainsi qu'au développement normal du corps et des facultés physiques de l'enfant.

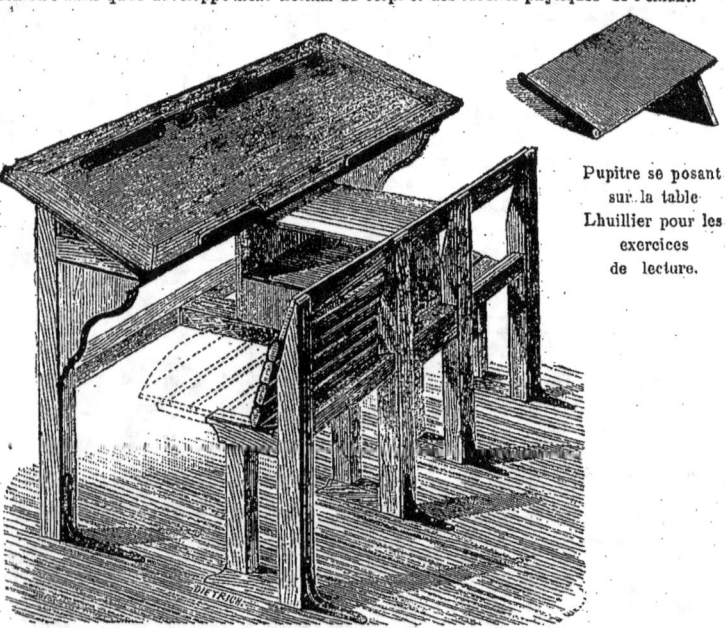

Pupitre se posant
sur la table
Lhuillier pour les
exercices
de lecture.

Morale. — La *Nouvelle table scolaire* est à deux places; mais les sièges sont séparés par un casier qui isole les occupants.

Le dessous de la tablette étant complètement dégarni, l'enfant reste à découvert et aucun de ses mouvements ne peut échapper à l'œil attentif du maître.

Commodité. — Pour faciliter la station debout, le siège se relève et s'abaisse à volonté, sans qu'il y ait à craindre le moindre inconvénient pour les élèves.

Bien que construite spécialement pour les enfants de 6 à 14 ans, on peut faire servir cette table aux adultes, en éloignant du dossier le plateau rendu mobile au moyen d'un système très simple.

Cette table, dont l'aspect est léger et gracieux, se fixe au moyen de fortes équerres qui lui donnent une solidité à toute épreuve.

Son prix, relativement peu élevé, la rend accessible à toutes les écoles.

Cette table se fait en cinq tailles : les quatre premières tailles pour écoles primaires, et la cinquième pour école normale, lycée ou collège.

Prix : *Tout chêne, la table de 2 places* . . . . **45 fr.**

BANC-TABLE, MODÈLE DE LA VILLE DE PARIS

Deux places. — 15 fr. 50 la place.

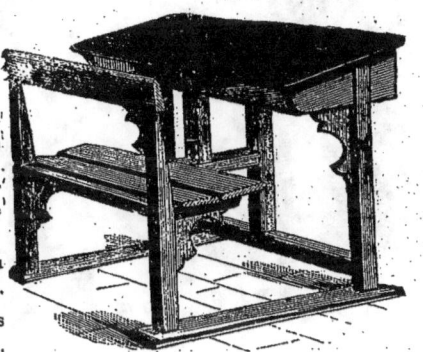

Bâti, siège et dossier en hêtre, casier en sapin, tablette supérieure en chêne noirci et ciré.

Les semelles clouées dans les montants peuvent être supprimées à volonté, la force de résistance résidant dans la *barre d'attelage*, qui relie la table et le banc.

Ce banc-table peut se fixer dans le plancher au moyen d'équerres en fer, ainsi que cela se fait dans les écoles de la Ville de Paris.

Même modèle avec pupitre articulé, la place... .... **24 fr.**

Même modèle à une seule place, sans pupitre, la place. .... **26 fr.**

BANC-TABLE PIEDS CROISÉS (DÉPOSÉ)

Deux places. — 17 fr. la place.

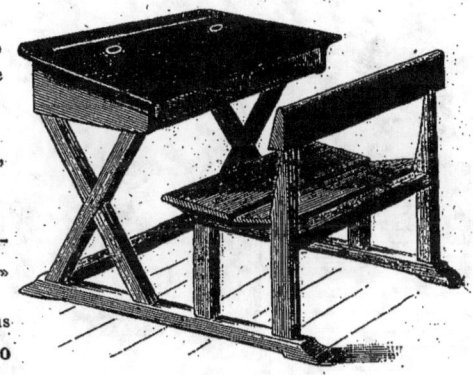

Bâti, siège et dossier en hêtre, casier en sapin, tablette supérieure sapin noirci et ciré.

Avec tablette supérieure chêne, augmentation de 0 fr. 75 par place.

Même modèle, avec pupitre articulé, la place .... **25 »**

Même modèle, à une place, sans pupitre, ... **32 50**

BANC POUR LA COUTURE (Voir page 57)

BANC A STALLES POUR ÉCOLES MATERNELLES

HÊTRE ET SAPIN

Deux, trois, quatre et six places, la place... **6 fr. 25**

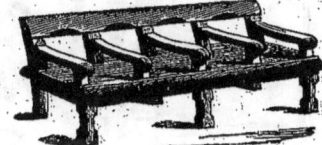

Hauteur du banc, 0m25 cent.

Hauteur du dossier, 0m29 cent.

Largeur par place, 0m35 cent.

MOBILIER SCOLAIRE, SYSTÈME O. ANDRÉ (breveté s. g. d. g.)

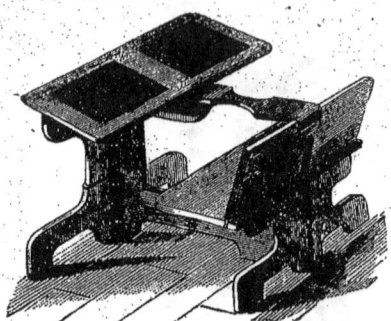

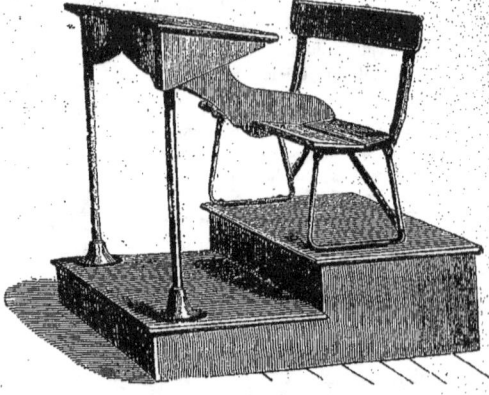

Petite table a deux places pour écoles enfantines.
La place. 19 25
Avec dessus quadrillé, méthode Frœbel, en plus par place 1 50

Fig. 8

Table-banc à deux places pour amphithéâtre.

Fig. 8. — Type adopté pour l'École normale d'Auteuil et le lycée Janson de Sailly.

Table-banc fixe, pieds fer, goussets tôle, séparation bois; longueur, 1m25; largeur, 0m40; la place. . . . 22 50

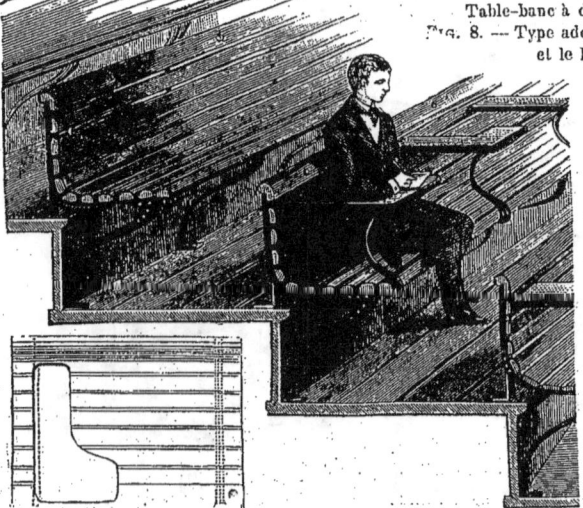

Coupe du banc.

BANC D'AMPHITHÉÂTRE

Banc d'amphithéâtre à baguettes continues, la place. 13 75

Le même avec tablette, la place 18 75

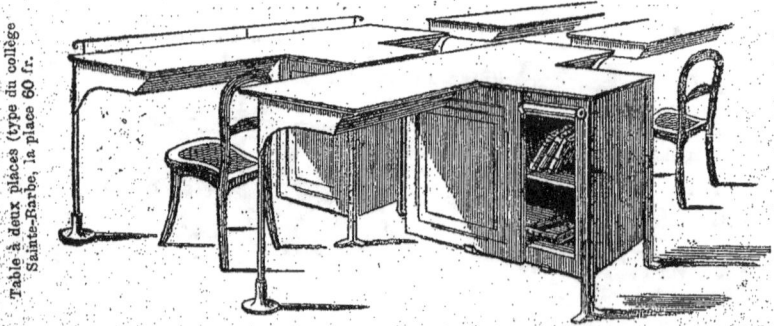

Table à deux places (type du collège Sainte-Barbe, la place 60 fr.

Longueur de la table 2m25.
Larg. à la bibliothèque 1m, devant l'élève 0m50
3 hauteurs : 0m75, 0m78, 0m82.
Le dessus peut se faire incliné ou être muni d'un pupitre.

MOBILIER SCOLAIRE système O. ANDRÉ (breveté s. g. d. g.)

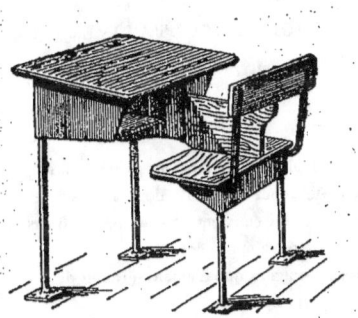

Fig. 4

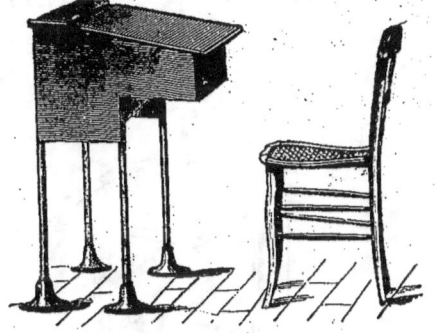

Fig. 5

Fig. 4. — Table à deux places, adoptée pour la Ville de Saint-Denis, etc.

Pieds fer, dessus hêtre, goussets tôle, tablettes bois, banc de séparation et banc fixe.

Modèles nᵒˢ		Hauteur	la place	
1.	Hauteur	0,58,	la place	21 25
2.	—	0,63	—	22 56
3.	—	0,70	—	23 75
4.	—	0,77	—	25 »
5.	—	0,85	. . . .	26 50

Fig. 5. — Table à une place, à pupitre, hauteur variable de 0,82 à 0,89

Type adopté pour l'École normale d'Auteuil, d'Épinal, etc. . . . . 50 »
1 chaise fer et bois, siège bois. . . . . 15 »
1 même modèle, 2 places, la place. . . 43 75
Chaise bois, siège canné de. . . 8 75 à 12 50

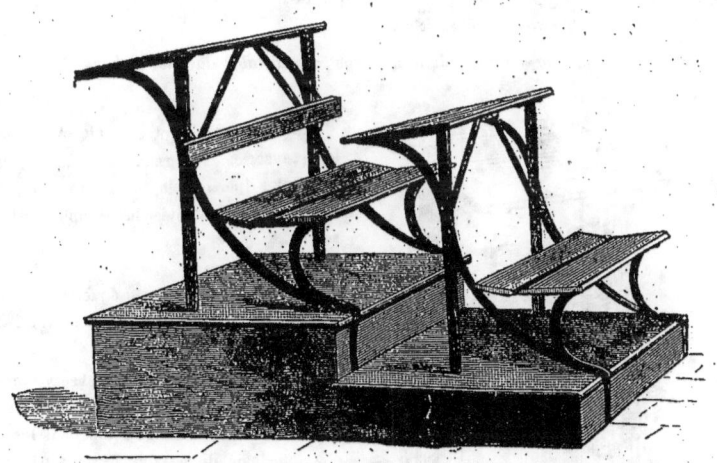

Fig. 6   Fig. 7.

Table-banc à deux places pour amphithéâtre.

Fig. 6. — Type adopté pour les Écoles alsaciennes, Collège Ste-Barbe, etc.

Longueur 1ᵐ20; largeur, 0ᵐ32; hauteur, 0ᵐ75; la place. 20 75

Fig. 7. — Type adopté pour les Écoles de la fondation Élisa Lemonier, École normale d'Épinal, etc.

Longueur, 1ᵐ05; largeur, 0ᵐ30; hauteur, 0ᵐ70; la place. 19 50

TABLE FERET

HYGIENIQUE A ÉLÉVATION FACULTATIVE

Médaille d'argent à l'Exposition universelle de 1889.

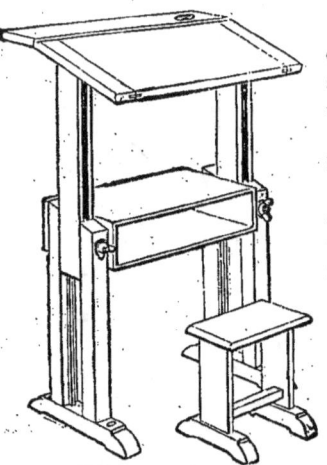

Table avec patins en bois.

Cette table dont le pupitre se lève à volonté, est excellente, pour l'enfant dont elle suit la croissance. Elle lui convient depuis l'âge de 6 ans jusqu'à son entier développement.

Il est reconnu que l'enfant grandit de 1 cent. 1/2 à 2 par trimestre.

Le pupitre doit être élevé par l'enfant lui-même au niveau de l'épigastre, afin d'obtenir un maintien correct. La poitrine exempte de pression sur le pupitre se dilate en toute liberté et les yeux se trouvent à une distance normale du cahier ou du livre. On évite ainsi la fatigue de la vue et la myopie qui en est la conséquence.

L'élévation du pupitre permettant les travaux alternés assis et debout, les inconvénients du sédentarisme combattu par les hygiénistes son écartés.

Le banc mobile et indépendant se range sous la table dans les travaux debout.

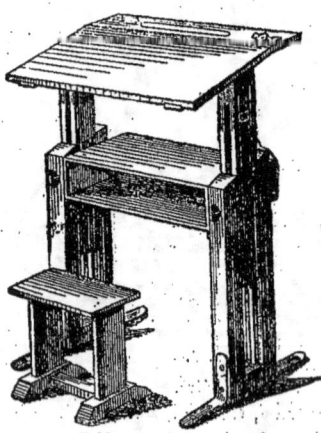

Table avec équerres en fer.

Chaque enfant ayant sa table et son banc à lui, les causeries sont rendues difficiles ; les devoirs sont plus personnels et mieux faits, et la surveillance étant facilitée, la discipline est mieux observée.

Prix.

DIMENSIONS. 65-45 { chêne nature (avec équerres en fer). 50 »
— — patins en bois. . . . . 45 »
peuplier teinté — 37 50

Nous croyons devoir faire observer que les tables scolaires Féret n'exigent pas plus d'emplacement que les tables fixes, en usage actuel dans les écoles.

Le système de la table Féret, sans mécanisme ni crémaillère, est fondé uniquement sur la pression de sorte qu'il est à l'abri de toute réparation.

Les coulisses du pupitre glissent entre les pieds ; des boulons placés sur les côtés, sont destinés à fixer le pupitre à la hauteur voulue, au moyen du serrage que l'enfant pratique sans le moindre effort.

MOBILIER DE DESSIN

Système O. ANDRÉ Breveté s. g. d. g.

FABRIQUÉ PAR LES ATELIERS DE NEUILLY, Ch. DELAGRAVE, seul dépositaire.

MOBILIER POUR DESSIN RONDE-BOSSE
(Type adopté par la Ville de Paris)

Fig. 1. — Porte-modèle mobile, à tige mobile, tablette à écran bois montée sur fer T (système breveté). 35 75

Fig. 2. — T mobile en fer, pied fonte, avec auget et barrette pour les pieds sur fer T. 24 50

Fig. 3. — Tabouret mobile de 0m45, pieds fer triangulaire, dessus hêtre avec porte-chapeau sous le siège. (Breveté s. g. d. g.). . 9 50

Fig. 4 et 6. — Barre d'appui fer avec auget, la place de 0m60 de long. . . . 11 75

Fig. 5 et 7. — Tabouret mobile de 0m45, pieds fer plat, dessus hêtre, avec porte-chapeau sous le siège. . . . . . . 11 »

Fig. 1.   Fig. 2.   Fig. 3.

Fig. 8. — Terrasson droit sapin, de 0m15 de hauteur sur 0m85 de largeur, le mètre courant. . . . . 16 »

Fig. 9. — Terrasson droit sapin, de 0m30 de hauteur sur 0m85 de largeur, le mètre courant. 26 »

Terrasson droit sapin de 0m10 de hauteur sur 0m85 de largeur, le mètre courant. . . . . 14 »

Terrasson droit sapin, de 0m20 de hauteur sur 0m85 de largeur, le mètre courant. . . . 17 50

Fig. 4.   Fig. 8.   Fig 5.   Fig. 6.   Fig. 9.   Fig. 7.

MOBILIER DE DESSIN (Suite)

Système O. ANDRÉ Breveté, s. g. d. g.

FABRIQUÉ PAR LES ATELIERS DE NEUILLY (CH. DELAGRAVE, seul dépositaire)

MOBILIER MIXTE POUR DESSIN GÉOMÉTRIQUE ET RONDE-BOSSE

(Type adopté par la Ville de Paris)

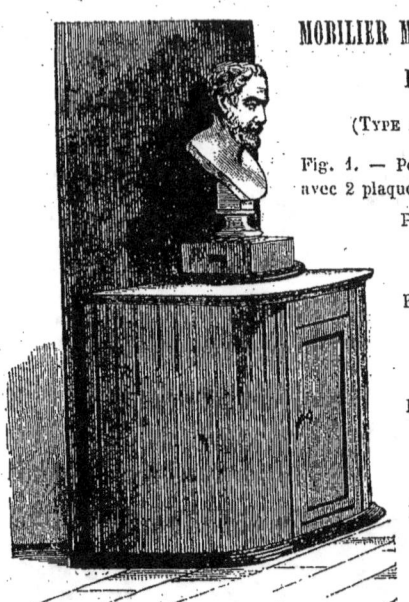

Fig. 1. — Porte-modèle buffet double, bois, avec 2 plaques tournantes et 2 jeux de hausse. 131 50

Porte-modèle buffet simple, bois, avec 1 plaque tournante et jeu de hausse. 106 50

Fig. 2. — Table mixte à 2 places pour dessin géométrique, monture fer, dessus hêtre, 1m20 sur 0m65, haut. 0m80. *La place.* . . . 35 75

Fig. 2 *bis*. — Table mixte à 2 places pour dessin géométrique, rabattue, monture fer, dessus hêtre, 1m20 sur 0m65, haut. 0m80 . . . . . . 35 75

Fig. 3. — Tabouret mobile de 0m65, pieds fer triangulaire, dessus hêtre avec porte-chapeau [sous le siège. 13 50

Fig. 1.

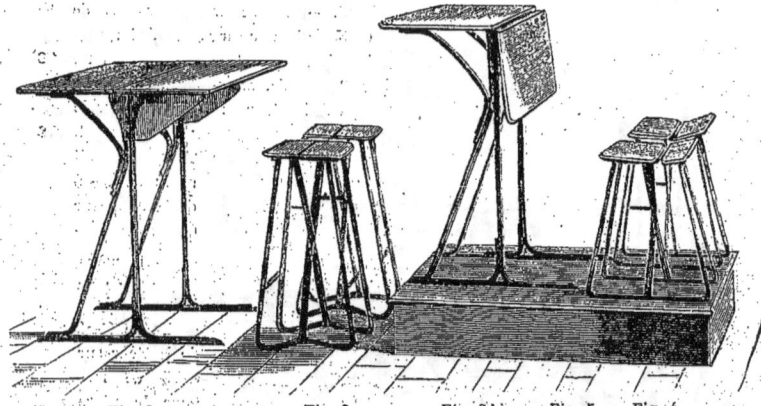

Fig. 2.   Fig. 3.   Fig. 2 bis.   Fig. 5.   Fig. 4.

Fig. 4. — Tabouret fixe de 0m45, pieds fer plat, dessus hêtre avec porte-chapeau sous le siège. . . . . 11 »

Fig. 5. — Terrasson droit sapin, de 0m45 de haut. sur 0m85 de larg., le mètre courant. 16 »

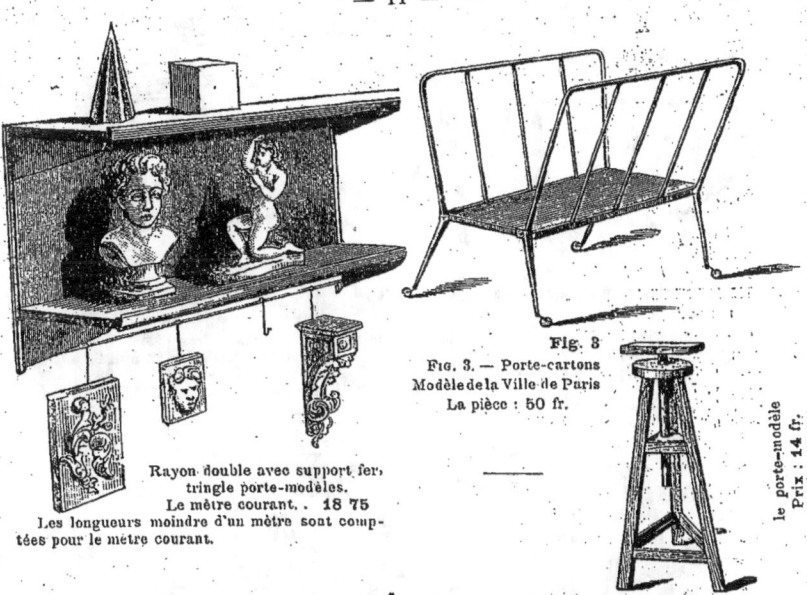

Fig. 3. — Porte-cartons
Modèle de la Ville de Paris
La pièce : 50 fr.

Rayon double avec support fer,
tringle porte-modèles.
Le mètre courant. . 18 75
Les longueurs moindre d'un mètre sont comp-
tées pour le mètre courant.

le porte-modèle
Prix : 14 fr.

NÉCESSAIRE POUR L'ENSEIGNEMENT PRIMAIRE DU DESSIN, PAR M. PILLET

Comprenant :

1° 1 règle à curseur de 50 centimètres pour
l'évaluation des proportions ;

2° 2 rectangles à coulisse pour l'évaluation
des proportions ;

*NOTA. — Chacun de ces appareils porte
pour la sûreté du professeur, cette évaluation
imprimée du côté opposé à
la face que doit regarder
l'élève.*

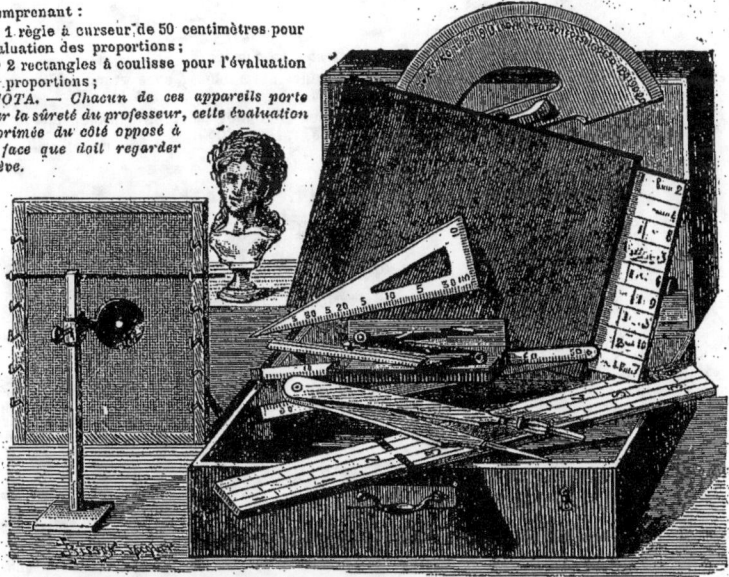

3° 1 perspectographe pour le dessin de perspective ;
4° 5 bâtonnets Ottin pour l'évaluation des longueurs ;
5° 1 rapporteur en bois peint gradué avec un fil à plomb, pour le dessin au tableau noir ;
6° 1 compas en bois à craie, pour le dessin au tableau noir ;
7° 1 mètre gradué en centimètres se pliant en deux ;
8° 1 équerre graduée de 40 centimètres pour le dessin au tableau noir ;
9° 2 compas fins en acier de 15 centimètres ;
10° 1 notice explicative de tous ces appareils ;
11° 1 boîte en bois noir, avec crochets et poignée, renfermant les appareils.
PRIX : **40** FR.

TABLES ET TRETEAUX POUR DESSINATEURS

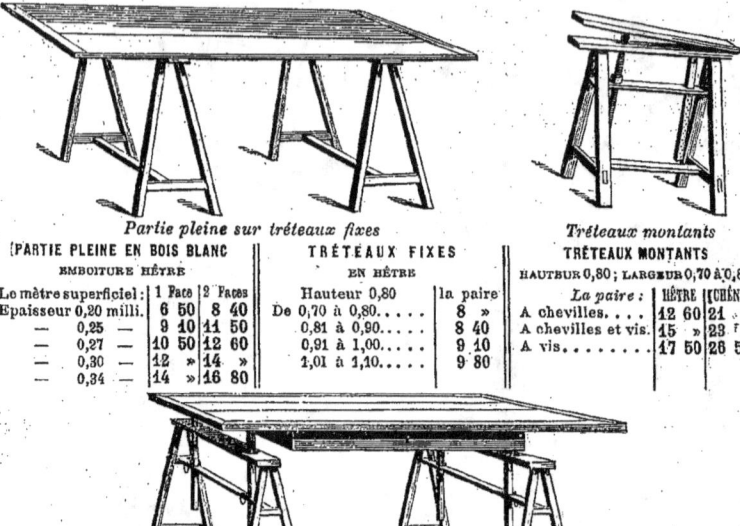

Partie pleine sur tréteaux fixes *Tréteaux montants*

PARTIE PLEINE EN BOIS BLANC			TRÉTEAUX FIXES		TRÉTEAUX MONTANTS		
EMBOITURE HÊTRE			EN HÊTRE		HAUTEUR 0,80 ; LARGEUR 0,70 A 0,80		
Le mètre superficiel :	1 Face	2 Faces	Hauteur 0,80	la paire	La paire :	HÊTRE	CHÊNE
Epaisseur 0,20 milli.	6 50	8 40	De 0,70 à 0,80.....	8 »	A chevilles....	12 60	21 »
— 0,25 —	9 10	11 50	0,81 à 0,90.....	8 40	A chevilles et vis.	15 »	23 »
— 0,27 —	10 50	12 60	0,91 à 1,00.....	9 10	A vis........	17 50	26 50
— 0,30 —	12 »	14 »	1,01 à 1,10.....	9 80			
— 0,34 —	14 »	16 80					

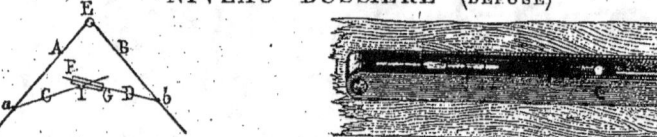

Planche à dessin sur tréteaux montants

Planche à dessin forte de 2ᵐ×1ᵐ, en trois épaisseurs assemblées, avec grand cadre en charme, 1 grand tiroir. *Prix.* . . . . 84 fr.

Planche à dessin ordinaire, en 3 épaisseurs assemblées avec petit cadre en charme, sans tiroir
de 0ᵐ65 × 0ᵐ50, 0ᵐ73 × 0ᵐ57, 1ᵐ10 × 0ᵐ73
12 » 13 50 24 »

NIVEAU BUSSIÈRE (DÉPOSÉ)

Fig. 1.

Fig. 2. — Niveau fermée.

Cet appareil (fig. 1) se compose de deux lames en laiton A et B, entretoisées en E et pouvant tourner de O à 90° autour de ce point, les deux lames sont reliées entre elles par deux traverses C, D, qui peuvent s'incliner l'une sur l'autre au point I. En F G, sur la traverse D, se trouve un double niveau.

La traverse D peut tourner en (b) de 90°. Un ergot limite son parcours en ce point. Un autre ergot, placé à l'extrémité de cette même traverse, vient s'encastrer dans la traverse C et rend l'appareil rigide quand les lames A et B sont d'équerre.

Fig. 3. — Niveau ouvert.

En (a) une rainure tracée dans la lame A permet à la traverse C de se déplacer le long de cette lame. Une graduation tracée en (a) permettra d'apprécier les pentes ou inclinaisons (nombre de centimètres par mètre).

Les dessins que nous donnons ci-joints serviront à faire comprendre les différents services que peut rendre cet appareil.

NOTA. — L'appareil sert aussi de fausse équerre pour angles rentrants et saillants.

Il est entièrement nickelé et livré dans un étui cylindrique de 0 ᵐ. 22 et 0. ᵐ. 03 de diamètre.

Prix. . . . . 18 fr. 75

BOITE DE LEÇONS DE CHOSES

(DÉPOSÉE)

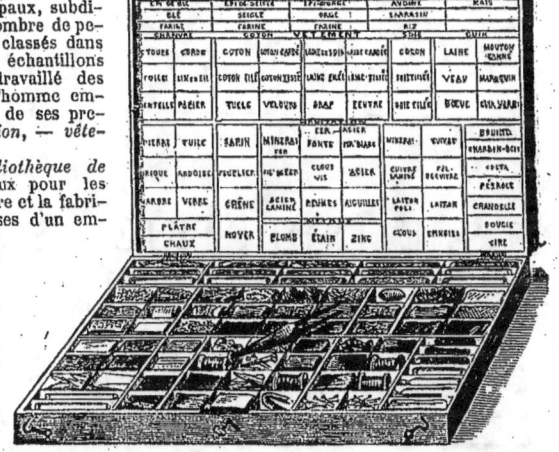

Dans cette boîte élégante, divisée en trois compartiments principaux, subdivisés chacun en un grand nombre de petites cases, le maître trouve, classés dans un ordre méthodique, des échantillons à l'état brut et à l'état travaillé des différentes matières que l'homme emploie pour la satisfaction de ses premiers besoins : *alimentation*, — *vêtement*, — *habitation*.

C'est comme une *bibliothèque de choses*, un outillage précieux pour les leçons sur l'origine, l'histoire et la fabrication des principales choses d'un emploi général dans les usages de la vie. Il y a là bien des moyens de frapper les sens, de captiver l'attention des enfants de l'asile et de commenter, d'une manière saisissante, devant les élèves de l'école, le livre de lecture courante.

Prix de la boîte, avec notice . . . . . . **25 fr.**

NOTICE EXPLICATIVE. — Connaissances indispensables sur l'alimentation, le vêtement, l'habitation, les matériaux de construction, le bois, les métaux, le chauffage, l'éclairage, etc. in-12. . . . . » fr. **50**

BIBLIOTHÈQUES

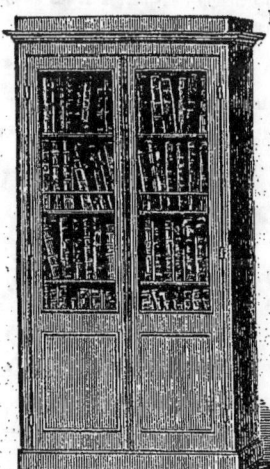

Nᵒ 1. Bibliothèque en chêne de 2 mètres de haut sur 1 mètre de large, vitrée. **80 »**

La même, sans être vitrée . . . . **75 »**

BIBLIOTHÈQUE CHÊNE

à deux corps.

Nᵒ 2. Face et côtés chêne-clair ciré, intérieur et derrière en sapin, une tablette en sapin alésée chêne dans le corps du bas et trois dans le corps du haut, vitrage en verre 1/2 double. — 0ᵐ50 de côté en bas. — 0ᵐ35 en haut.

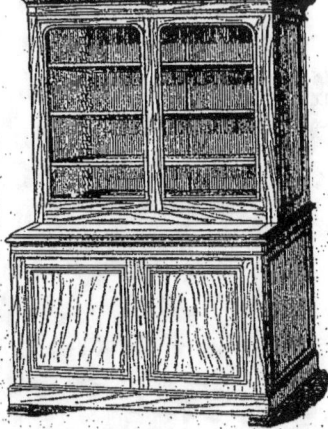

Bibliothèque nᵒ 1.

Bibliothèque à deux corps.

2ᵐ de haut, 1ᵐ de face : **180 »** = 2ᵐ15 h., 1ᵐ15 f. : **224 »** — 2ᵐ30 h., 1ᵐ30 f. : **245 »**

MUSÉE INDUSTRIEL SCOLAIRE

CONTENANT EN DOUZE TABLEAUX TOUS LES PRODUITS DE L'INDUSTRIE FRANÇAISE

Par C. DORANGEON, professeur de technologie.

PRIX : 60 Francs (NET)

Cette Collection s'emballe dans une caisse meuble à rainures, dont le prix est de 8 fr. et qui est absolument nécessaire pour l'expédition.

| Soixante-quinze industries représentées | Chaque tableau se vend séparément. . . . . . **7 fr. 50** | Plus de douze cents échantillons |

Le Prospectus spécial est envoyé sur demande.

DIVISION DU MUSÉE SCOLAIRE :

Le Musée scolaire est divisé en quatre parties correspondant aux besoins matériels et intellectuels de l'homme. Ce sont : 1° l'alimentation ; 2° le vêtement ; 3° l'habitation ; 4° les besoins intellectuels.

Alimentation : 3 tableaux.

1er tableau : Graines, farines et pâtes alimentaires.
2e   Légumes secs et épices.
3e   — Boissons.

Vêtement : 5 tableaux.

1er tableau : Le lin et le chanvre.
2e   — Le coton et le jute.
3e   — La laine et la soie.
4e   — Le cuir et les peaux.
5e   — La teinture et le nettoyage.

Habitation : 3 tableaux.

1er tableau : Construction (les pierres et les bois).
2e   Construction (les différents métaux).
3e   — Chauffage et éclairage.

Besoins intellectuels : 1 tableau.

Fabrication du papier, des crayons, des plumes, de l'encre ; imprimerie, reliure, etc., etc.

(Voir ci-dessous reproduction d'un des tableaux.)

Librairie CHARLES DELAGRAVE, 15, rue Soufflot, PARIS.

MUSÉE INDUSTRIEL SCOLAIRE
PAR C. DORANGEON

Collection autorisée pour toutes les Écoles de la Ville de Paris

ALIMENTATION
LES BOISSONS & LES INDUSTRIES DIVERSES

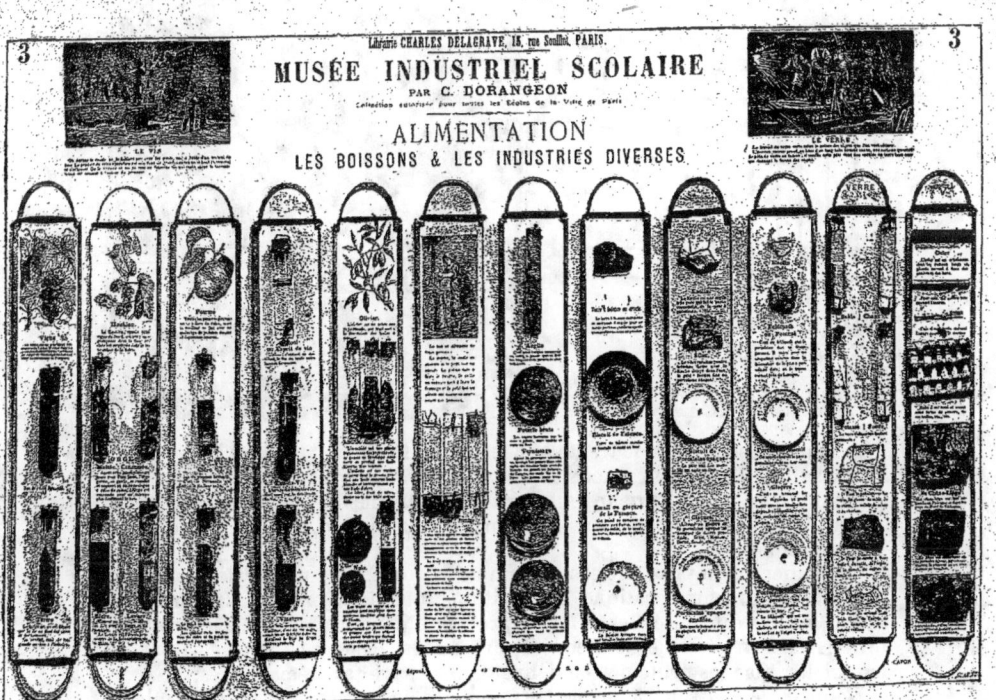

BOULIER NUMÉRATEUR ET COMPTEUR

Par A. COUVRECHEF

DIRECTEUR DE L'ÉCOLE MUNICIPALE DE CAEN, OFFICIER DE L'INSTRUCTION PUBLIQUE

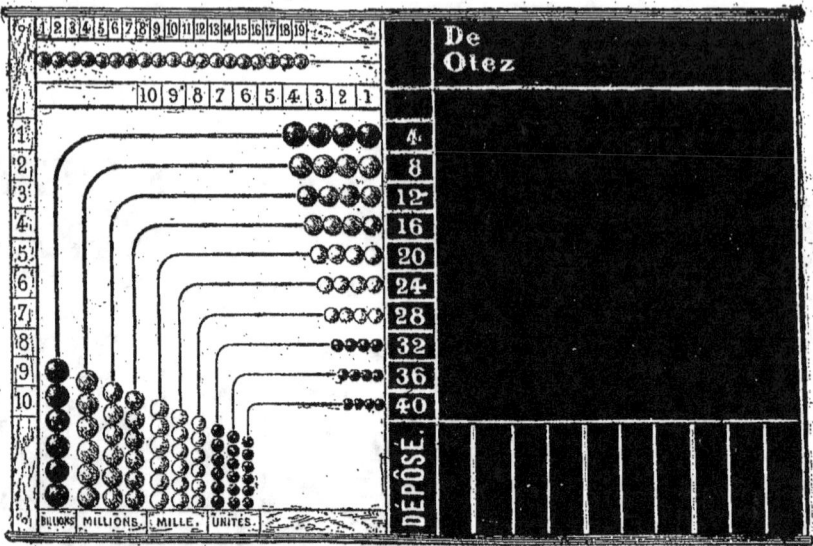

Ce Boulier est le fruit de trente années de recherches et d'expériences professionnelles. Après avoir successivement apporté divers perfectionnements au Boulier classique, l'auteur s'est arrêté définitivement au modèle proposé aujourd'hui ; car il réunit, sous une forme très simple, toutes les notions indispensables.

Le Boulier ne doit pas être seulement un instrument de numération, il doit être plutôt un résumé pratique de l'arithmétique tout entière. Les maîtres savent quelles difficultés les enfants éprouvent pour comprendre et retenir les vérités abstraites. Le Boulier leur présentera, sous une forme palpable, matérielle, tous les principes contenus dans nos traités élémentaires.

L'auteur s'est attaché à ce que les premières notions fussent aussi les mieux détaillées. En commençant, l'enfant a besoin de voir pour comprendre. A mesure qu'il avance dans ses connaissances, le rôle du Boulier devient synthétique et nécessite l'emploi des notions précédemment étudiées. C'est un moyen de forcer l'enfant à retourner aux premiers principes et à les repasser sans cesse.

Ce nouveau Boulier compteur permet d'expliquer :

1° La numération parlée et la numération écrite des nombres entiers et décimaux ;

2° La numération de toutes les unités métriques ;

3° Les quatre opérations de l'arithmétique.

Prix . . . . *La pièce* **30 fr.**

NUMÉRATEUR-COMPTEUR

de MM. F. SÉGUIN, inspecteur primaire, et J. COURCELLE, directeur d'école à St-Denis (*Déposé*).

La Boîte du Maître renferme 1 décimètre cube creux, 10 planchettes de 0m10 × 0m10 × 0m01 ; 10 réglettes de 0m10 × 0m01 × 0m01 ; 10 centimètres cubes creux ; 100 bâtonnets coniques pour le compteur.

La Boîte de l'Élève renferme les mêmes pièces ; mais elle n'a qu'une planchette et ne peut contenir le décimètre cube. Chaque pièce est revêtue de l'une des couleurs du prisme.

Le couvercle de la Boîte du Maître, relevé et fixé, forme avec la face adjacente un compteur percé de 100 trous.

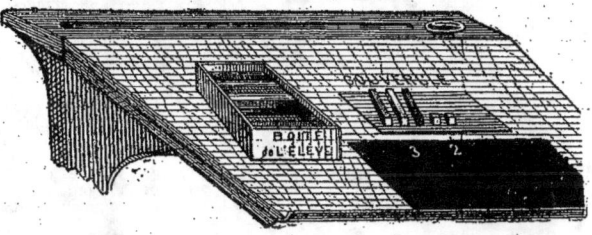

Le Numérateur-Compteur est employé :

1° Dans les Écoles maternelles et dans les Cours élémentaires pour l'enseignement de la numération des nombres entiers ; pour l'étude des quatre opérations et comme « don » analogue à ceux de Frœbel ;

2° Dans les Cours moyens pour la numération des nombres décimaux, le système métrique, la géométrie et les fractions ordinaires.

Emploi. — Le Compteur à bâtonnets remplace le boulier : tous les élèves exécutent en même temps les opérations faites au bureau, sur le Compteur, par le Maître ou le Moniteur. Ils placent leurs bâtonnets à plat, sur la table.

Même façon de procéder pour le Numérateur. — *Ex.* : Prenant le centimètre cube comme unité, l'enfant forme lui-même la dizaine, en juxtaposant 10 centimètres cubes et en les comparant ensuite à une réglette divisée en centimètres cubes ; la réglette est la dizaine. De même, la planchette est la centaine, etc. Ainsi l'unité, la dizaine, la centaine, le mille, prennent corps à ses yeux. En même temps, il apprend à former et à écrire les nombres : s'agit-il du nombre 125 ? il place devant lui 1 planchette, 2 réglettes, 5 centimètres cubes, puis il écrit sur son ardoise : 1 dans la colonne des centaines, 2 dans celle des dizaines, 5 dans celle des unités. D'un coup d'œil, le Maître se rend compte du travail de ses élèves.

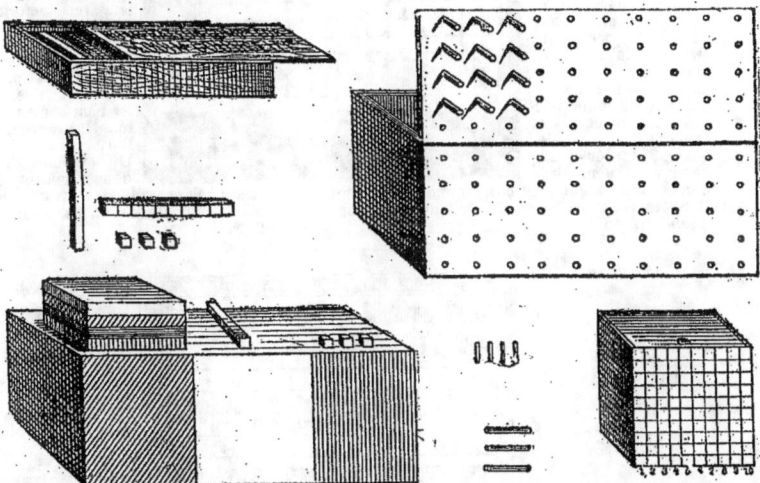

Pour la numération des *nombres décimaux*, on prend le décimètre cube pour unité. L'ensemble des pièces du Numérateur montre ce qu'on en peut tirer pour l'enseignement du *système métrique* et de la *géométrie*. Pour les *fractions ordinaires*, on se sert des planchettes : disposant par exemple 5 planchettes en un seul bloc, on a l'unité divisé en :

$$\frac{5}{5} \; ; \text{ si on prend 2 planchettes, on a } \frac{2}{5} \; ; \text{ 3 planchettes, on a } \frac{3}{5} \; , \text{ etc.}$$

Ainsi l'Élève agit en même temps que le Maître : il découvre tout par l'observation et il développe à la fois sa dextérité, son raisonnement et son jugement.

Un Livret-Guide se donne avec la Boîte du Maître.

Prix : Boîte du Maître .... la Pièce 8 fr. | Prix : Boîte de l'Élève ... la Pièce 1 fr. 25.

Livret-Guide séparément .... la Pièce 0 fr. 75.

BOULIER COMPTEUR

65 centimètres de haut

sur

45 de large

La pièce . . 5 fr. 25

Le même, sur pied

Prix : 15 fr.

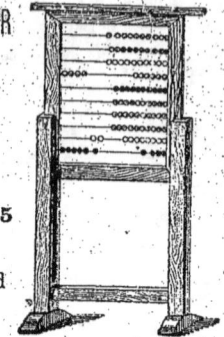

Boulier compteur à main
DE M. CH. LEROY

Appareil construit pour être mis dans la main des enfants et leur permettant de suivre tous les exercices de numération, de formation et d'écriture des nombres, d'addition, de soustraction et de multiplication, qui se font avec succès à l'aide d'un grand Boulier compteur.

Avec le Boulier compteur à main, le Maître peut s'assurer d'un simple coup d'œil que tous les enfants suivent avec attention la leçon, et son usage est préférable à l'emploi des doigts.

Prix . . . . 1 fr

BOULIER COMPTEUR VERTICO-HORIZONTAL

PAR M. CHAUMEIL, INSPECTEUR PRIMAIRE A PARIS

On comprend à première vue tout le parti que l'on peut tirer de ce Boulier, remarquable par sa simplicité.

Soit, par exemple, à représenter le nombre 11,200,413,022 :

Toutes les boules étant ramenées à droite, on en place une devant le cordon des dizaines de millions, une devant le cordon des millions, deux alignées verticalement devant le cordon des centaines de mille, quatre, toujours alignées verticalement de nomenclatures qui leur correspondent donnent, en outre à l'appareil les avantages des Bouliers verticaux, tout en évitant leurs inconvénients. Il y a double jeu et, par conséquent, double utilité.

bas en haut, sur le cordon des centaines, etc... On peut écrire en chiffres sur le montant inférieur du cadre qui forme tableau noir les nombres représentés par les boules. Le Boulier compteur vertico-horizontal est formé d'un cadre rectangulaire portant dix tringles horizontales garnies chacune de dix boules. Avec les cent boules, on fait tous les exercices des Bouliers ordinaires. Un système de cordons verticaux et les

Prix . . . . 20 fr.

BOULIER NUMÉRATEUR

CORDIER

PRIX : 15 FR.

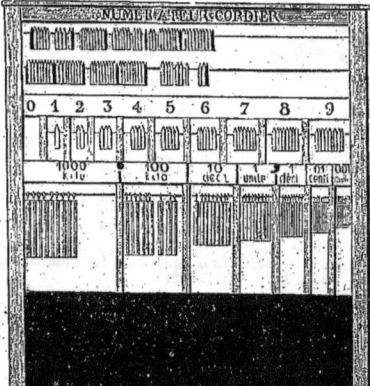

Cet appareil, aussi simple qu'ingénieux, est destiné à rendre de très utiles services aux enfants.

Il s'emploie au moyen de chevilles en bois et est disposé de telle façon qu'au bout de quelques jours d'étude un enfant arrive à connaître parfaitement sa numération.

NUMÉRATEUR CHABENAT

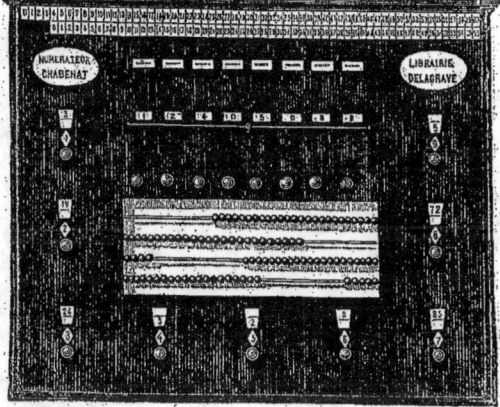

Appareil pour apprendre facilement la numération, les quatre règles et le système métrique.

PRIX : 25 Fr.

Le mécanisme de ce numérateur est d'une simplicité parfaite, telle que les enfants peuvent faire eux-mêmes à leurs petits condisciples un cours de mathématiques élémentaires.

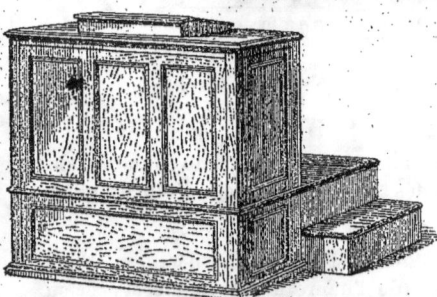

CHAIRE DE MAITRE

1m20 *de long. montée sur estrade avec pupitre*

Hêtre et bois blanc noir ciré. . . 160 »
En chêne clair ciré . . . . . . 225 »

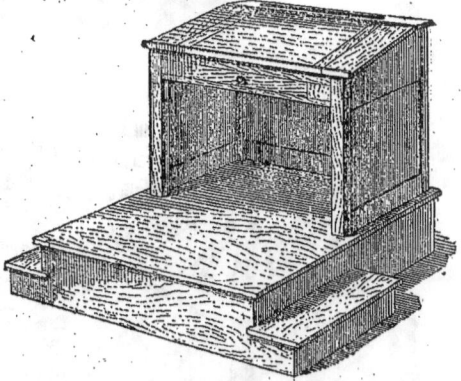

CHAIRE DE MAITRE

1m *de long. montée sur estrade, pupitre fixe.*

Hêtre et bois blanc noir ciré . . . . . . 73 »
En chêne clair ciré . . . . 125 »

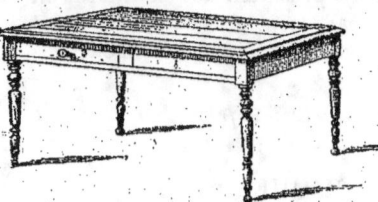

TABLE-BUREAU DE MAITRE (CHÊNE)

2 tiroirs dont 1 à serrure.

Longueur, 1m15; largeur, 0m65. . . . . 48 »
— 1m30; — 0m70. . . . . 56 »

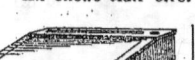

PUPITRES A ÉCRIRE

0m60 × 0m50

sans serrure

Bois blanc nature. . . . 8 40
Chêne ciré 12 60
Bois noir ciré . . . 14 »
A serrure : augment. de 1 75

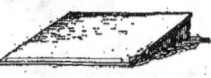

PENTES OU FAUX PUPITRES

0m65 × 0m50

Bois blanc nature. . 4 25
Chêne ciré 5 75
Bois noir ciré . . . 7 »

TABLE A GAINE

EN HÊTRE ET BOIS BLANC NOIRCI

	Sans tiroir	1 tiroir à bouton
0m60 × 0m42.	6 »	6 75
0m70 × 0m44.	6 50	7 50
0m80 × 0m46.	6 90	8 »
0m90 × 0m48.	7 50	9 »
1m00 × 0m50.	8 40	9 50
1m15 × 0m52.	9 50	11 60
1m30 × 0m54.	10 50	12 60

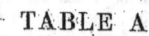

BUSTES DE LA *RÉPUBLIQUE*

POUR ÉCOLES, MAIRIES, ETC.

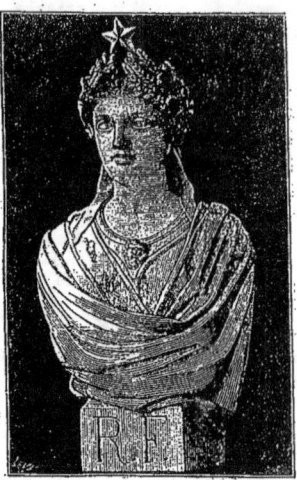

Buste en plâtre, de **Jannin**, très soigné, avec cordon sur lequel sont les attributs. Haut^r 0^m43 1/2 : Embal. net.

La pièce......	7 50	3 »
Console en plus..,	2 40	1 50
Le même, haut^r 0^m70 :		
La pièce.....	27 50	5 75
Console en plus...	3 75	2 25
Le même, haut^r 0^m88 :		
La pièce.....	31 50	8 50
Console en plus ..	4 70	2 50

Buste en plâtre **Pouzadoux**, haut^r 0^m77 : Embal. net.

La pièce......	24 »	5 50
Console en plus...	4 »	2 25
Buste en plâtre, haut^r 0^m65 :		
La pièce......	16 »	5 »
Console en plus ..	3 20	2 25
Buste en plâtre, haut^r 0^m45 :		
La pièce.....	10 »	4 50
Console en plus ..	1 60	1 50

Buste Jannin.

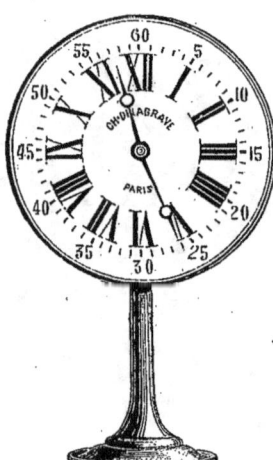

CADRAN HORAIRE

Système adopté par un grand nombre de municipalités et pensions en France et à l'Étranger.

Cadran démonstratif pour faciliter l'enseignement de l'heure d'une manière précise et correcte.

En quelques leçons, sans fatigue pour les enfants, en leur procurant au contraire un nouveau jeu par le déplacement continuel des aiguilles qui produisent de nouvelles combinaisons.

Prix : **8** *fr.*

CARTES GÉOGRAPHIQUES

CARTES MURALES MUETTES

Imprimées en bleu clair sur toile noire ardoisée, montées sur gorge et rouleau.

Carte de France, avec tracé des départements (1^m30 sur 1^m05), imprimée sur toile ardoisée des deux côtés, formant tableau noir et carte. Prix............ 15 »
La même, 1^m60 sur 1^m40 ..... 20 »
Carte d'Europe, 1^m30 sur 1^m05. 15 »
La même, 1^m60 sur 1^m40 ..... 20 »

Carte de France et d'Europe (1^m05 sur 1^m30), France d'un côté, Europe de l'autre, sur toile ardoisée............ 20 »
La même, 1^m60 sur 1^m40.... 25 »
Carte de la Terre ou Planisphère, sur la projection de Mercator (1^m60 sur 1^m20), imprimée sur toile ardoisée, avec tableau noir au dos............ 20 »

(Voir le Catalogue spécial pour toutes les autres cartes géographiques.)

NOUVEL APPAREIL (ROULEAU A RESSORT)
Pour la monture des Cartes murales
ARRÊT AUTOMATIQUE A VOLONTÉ (breveté s. g. d. g.)

Mérite essentiel et caractéristique. — Ce rouleau contient en lui-même tout le mécanisme nécessaire pour baisser ou lever automatiquement la carte qui lui est attachée.

Maniement facile. — Il fonctionne entièrement sans l'aide de toutes les cordes, poulies, contrepoids, actuellement en usage.

Arrêt automatique à volonté en baissant ou en levant la carte sans secousse, sans brusque détente de ressort, quels que soient la dimension de la carte et son poids.

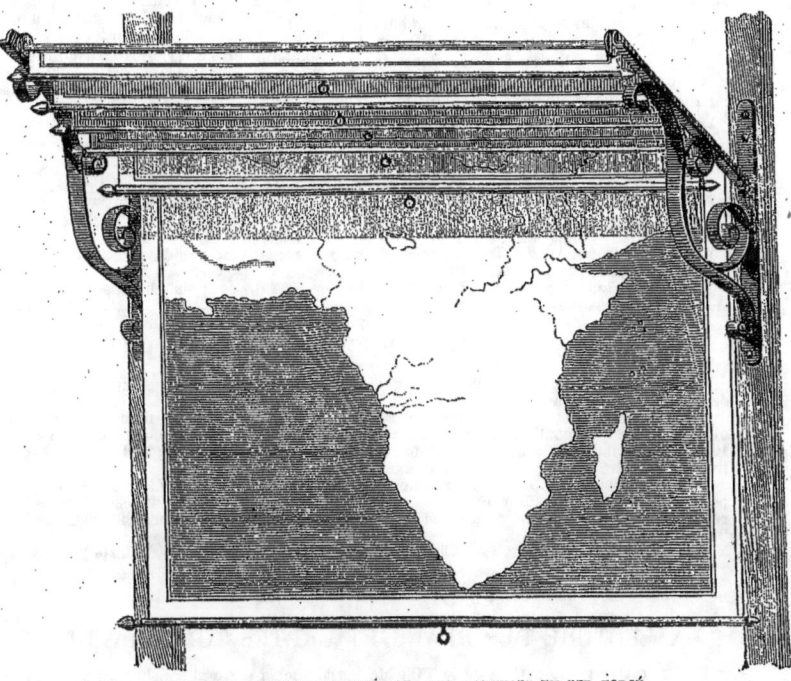

ROULEAUX A RESSORTS MONTÉS SUR LES POTENCES EN FER FORGÉ

Prix :

Rouleau à ressort bois pour les cartes ordinaires ne dépassant pas 2 mètres . . . . . 10 »
— — fer blanc — ardoisées ou dépassant 2 mètres . . . . . 30 »
Les cartes ardoisées, même de petites dimensions, sont trop lourdes pour aller sur des rouleaux bois.
Bien indiquer la longueur des cartes.
Potences fer forgé pour 4 cartes. . . . . *La paire* 21 »
— 6 — . . . . *La paire* 22 »
Nickelage en sus . . . . *Par paire* 14 »
Ces potences peuvent servir également pour les cartes montées sur poulies.
Le prix du montage sur poulie est de 5 fr. par carte.

APPAREIL DE SUSPENSION
POUR LES CARTES GÉOGRAPHIQUES ET AUTRES

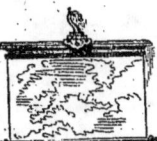

Ce suspenseur se compose d'un crochet qu'on fixe au moyen de deux vis sur le bâton supérieur d'une carte quelconque montée; il est en fonte. Munies de ce crochet, et à l'aide d'un bâton armé d'une pointe, les cartes peuvent être placées rapidement et avec la plus grande facilité, à la hauteur, à l'endroit où on veut les montrer; on peut les superposer au nombre de 2, 3 et 4 sur le même clou.

Prix · » 50

CARTES EN RELIEF

La France en relief, dressée par M. E. LEVASSEUR, de l'Institut, et Mlle C. KLEINHANS, à l'échelle de 1/1,000,000^e pour les longueurs et de 1/250,000^e pour les hauteurs, carte muette coloriée . . . . **80** »

La même, avec les limites des départements. . . . . **85** »

La même, avec les limites des départements et les chemins de fer . . . . **90** »

La même, avec les limites des départements et les noms . . . . **200** »

La même, color. géologiquement. **500** »

La France en relief, à l'échelle de 1,500,000^e. Réduction de la précédente. Coloriée . . . . **40** »

La même, avec les limites des départements. . . . . **45** »

La même, avec les limites des départements et les chemins de fer . . . . **50** »

La même, avec les chemins de fer, les limites des départements et les noms. **75** »

La même, géologique (réduction simplifiée) . . . . **150** »

La France en relief, à l'échelle de 1/4,000,000^e. Réduction de la carte au millionième. Plâtre mat ou colorié. . . **5** »

L'Europe en relief, dressée par M. E. LEVASSEUR et Mlle KLEINHANS, à l'échelle de 1/4,000,000^e pour les longueurs et de 1,000,000^e pour les hauteurs.

Carte muette coloriée. . . . . . . **80** »

La même, avec les limites d'États **85** »

La même, avec les limites d'États et les noms. . . . . **150** »

La même, color. géologiquement **350** »

Signes géographiques, par Mlle C. KLEINHANS, relief colorié (0^m32 sur 0^m27) . **5** »

Les mêmes, coloriés à la gouache. **7 50**

La même, avec le nom des villes. . . . . **5** »

Europe (0^m25 sur 0^m30). Tableau encadré, colorié avec le plus grand soin. . . . . **4** »

Relief géologique de la France (0^m30 sur 0^m30), sous la direction de M. G. de Montmahou. **7 50**

LECTURE DES CARTES TOPOGRAPHIQUES

Premières notions à l'usage de l'enseignement primaire, de l'enseignement secondaire et des écoles régimentaires, par C. MURET.

Ouvrage composé : 1° d'un relief à gradins de 0^m20 sur 0^m15 ; 2° d'un relief de même dimension à pentes continues, sur lequel est collée la carte coloriée ; 3° d'une carte en noir, au 10,000^e, avec courbes de niveau ; 4° d'une carte coloriée avec hachures ; 5° d'un texte explicatif très élémentaire, avec questionnaire et exercices.

L'auteur a imaginé, pour les deux reliefs, une disposition nouvelle qui en rend l'usage très commode et la conservation très facile. Chaque relief est fixé dans un cadre en bois qui reçoit un couvercle au fond duquel est collée la carte, et forme ainsi une boîte de 0^m22 sur 0^m17.

L'ouvrage complet, **10 fr.** ». — Chaque relief séparément, **5 fr.** ». — Le texte seul, **2 fr.** »

Répondant au programme officiel, géographie, classe de quatrième.

(Voir le Catalogue spécial pour les modèles en relief MURET.)

LA LECTURE DES PLANS ET CARTES TOPOGRAPHIQUES

Par **C. MURET**, géomètre de la Ville de Paris, ancien élève et collaborateur de Bardin, sous la direction de **E. LEVASSEUR**, membre de l'Institut.

Ouvrage composé : 1° d'un relief en plâtre de 0^m54 sur 0^m47, donnant au $\frac{1}{20.000}$ les principales formes du terrain, choisies dans les montagnes françaises ; 2° d'une carte à la même échelle, figurant tous les détails du relief, d'après les signes conventionnels de l'état-major, et donnant, en outre, sur les marges, deux élévations du terrain, plusieurs corps géométriques définis par des courbes de niveau, et le tableau des principaux signes et expressions de la fortification ; 3° d'un texte explicatif indiquant les rapports de la carte et du relief, et résumant les divers procédés employés pour le lever rapide des détails d'une carte à petite échelle, et la construction des plans-reliefs topographiques et géographiques.

Ouvrage complet (relief blanc). **15** » (relief colorié). . . . . **30** »

Prix de la carte, en noir . . . . **2** »

La même, collée sur toile, vernie, avec gorge et rouleau. . . . . **5** »

— du texte. **1 50**

RELIEFS TOPOGRAPHIQUES

Construits par **M.-L.-I. BARDIN**, ancien professeur aux Écoles d'artillerie et Polytechnique, Officier de la Légion d'honneur ;

Et M. le lieutenant-colonel d'artillerie **PEIGNÉ**, ancien professeur de topographie à l'École militaire de Saint-Cyr.

(Voir le catalogue de géographie.)

RELIEF DU CANAL DE SUEZ

A L'ÉCHELLE DU $\frac{1}{100,000}$ POUR LES BASES ET DU $\frac{1}{20,000}$ POUR LES HAUTEURS

Construit pour les Lycées sur la demande du Ministère de l'Instruction publique
et d'après l'original de M. le Vice-Amiral Pâris.

PAR CH. MURET

(Longueur 1m65; largeur 0m45)

Relief blanc. . . . . **7 50** | Relief colorié à l'huile, avec écritures. **65 »**
Réduction photographique, au 1/4, du relief précédent (1/400,000). . . . . **8 »**
Relief topographique de l'isthme de PANAMA. . . **15 »** Carte coloriée. . . . . . **1 »**
— — — de CORINTHE. . **15 »** — — . . . . **1 »**

CASIERS THOLLOIS

MÉTHODE UNIVERSELLE DE LECTURE, D'ORTHOGRAPHE ET DE CALCUL
en boîtes, bois verni.

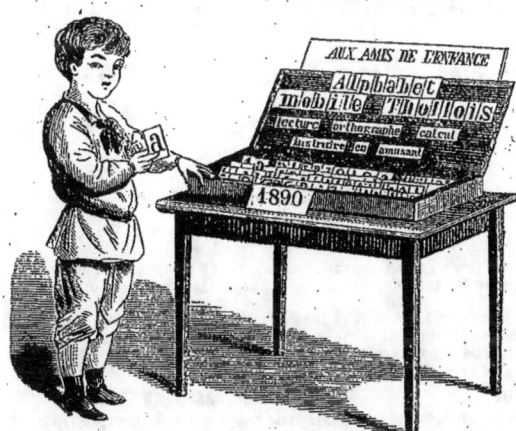

Adoptée par les écoles de la Ville de Paris, par la Société des instituteurs et institutrices de la Seine, etc., etc

1. Casier-tableau divisé en 56 cases, renfermant 320 lettres majuscules, minuscules, chiffres, signes de ponctuation et d'accentuation . . . . **10 »**
1 bis. Casier-tableau, 960 lettres et chiffres, dont 160 rouges et 160 bleus **24 »**
2. Casier ordinaire, divisé en 40 cases renfermant 160 lettres et chiffres . . **3 »**
2 bis. Le même contenant en plus la ponctuation et les signes orthographiques . . . . **4 »**
3. Petit casier, 160 lettres et chiffres, disposé comme le n° 2. . . La pièce. **2 »**
Brochure-Guide du Maître. La pièce. . . . . . . **« 50**

La brochure se donne gratuitement avec les casiers 1 et 1 bis.
Ce casier a obtenu depuis 1875 : une médaille d'or, deux médailles d'honneur, trois médailles d'argent, une médaille de bronze et un prix offert par le Ministre de l'Instruction publique.

CHAISES

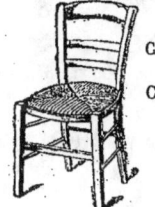
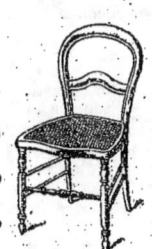

Chaises en frêne verni, paillées pour bureau, petit modèle . . . . **5 »**
Chaises en frêne verni, paillées pour bureau, grand modèle **5 50**
— en merisier, cannées, rondes, cuvette à pieds tournés. **8 50**
— en merisier, cannées, médaillon, pieds tournés. . . . . **12 »**

COLLECTIONS DIVERSES

COLLECTION ENTOMOLOGIQUE

Cette collection remarquablement composée comprend 40 insectes utiles, et 60 insectes nuisibles choisis parmi les types les plus intéressants . . . . **40 »**
NOTA. — Cette collection est renfermée dans une boîte à dessus vitré ; un manuel explicatif, indiquant en même temps les mœurs des insectes, est toujours joint à la boîte.

COLLECTION D'HISTOIRE NATURELLE

Petite collection élémentaire, comprenant : 4 mammifères montés, — 5 oiseaux, — 2 reptiles, — 2 poissons montés, — 100 insectes, — 100 coquilles . . . . **350** »

Collection élémentaire, comprenant : 2 squelettes de mammifères montés, — 1 squelette d'oiseau, — 1 squelette de poisson, — 1 squelette de reptile, — 4 mammifères montés, — 8 oiseaux, — 3 reptiles, — 4 poissons, — 100 insectes, — 150 coquilles, — 5 crustacés ou zoophytes. . . . . **490** »

Collection supérieure, comprenant : 1 crâne humain articulé, — 4 squelettes de mammifères, — 3 squelettes d'oiseaux, — 2 squelettes de poissons, — 3 squelettes de reptiles, — 6 mammifères montés, — 10 oiseaux montés, — 4 reptiles montés, — 4 poissons, — 100 insectes, — 1 herbier de 100 plantes, — 200 mollusques, — 50 minéraux. . . . . **750** »

Nous pouvons faire des collections pour l'enseignement élémentaire depuis 250 francs.

COLLECTIONS D'INSECTES

100 insectes de tous les ordres, principaux types. . . . . **50** »	300 insectes de tous les ordres . . . **130** »
200 insectes de tous les ordres . . . **100** »	500 — — **275** »

Papillons (*Lépidoptères*).

100 espèces (France et Europe). . . . . **55** » | 200 espèces (France et Europe) . . **112** »

Ces collections d'insectes et de papillons sont en boîtes à dessus de verre, et chaque insecte a un numéro correspondant à celui du Catalogue qui est spécial à chaque collection.

Arachnides.		**Annélides**	
4 espèces différentes dans l'alcool . . **22** »	4 espèces différentes dans l'alcool . . **22** »
8 — — **35** »	8 — — — **42** »

Crustacés.			
5 crustacés, espèces différentes. . . **22** »	**Zoophytes.**	
10 — — **58** »	12 espèces différentes. **62 50**
15 — — — **100** »	20 — — **125** »

Ces collections comprennent des Vermiformes, Oursins, Astéries, Polypiers, Madrépores, Coraux, etc.

COLLECTIONS DE MINÉRAUX

Ces collections sont rangées, pour les silicates, suivant l'excellente classification de M. Adam, adoptée à l'École des mines, et pour les métaux, par ordre de base. Les noms adoptés sont principalement ceux de Beudant.

Chaque échantillon a une étiquette avec le nom et la localité, ou bien porte un numéro correspondant à un Catalogue qui donne également le nom et la localité.

Sur demande, les noms ou numéros seront écrits en allemand, en anglais ou en italien et l'on adoptera telle classification que l'on désirera.

COLLECTIONS D'ÉTUDE		**COLLECTIONS D'AMATEUR**	
ÉCHANTILLONS DE 4 A 5 CENTIMÈTRES		ÉCHANTILLONS DE 6 A 7 CENTIMÈTRES	
100 échantillons **37 50**	100 échantillons **62 50**
200 — . . . . **95** »	200 — . . . . **138** »
300 — . . . . **175** »	300 — . . . . **225** »
400 — . . . . **275** »	400 — . . . . **375** »

Collection à l'usage des écoles primaires, 100 minéraux de 2 à 3 centimètres. . . . **22 50**
— — — — — 50 . . . . **10** »

COLLECTION DE 126 ÉCHANTILLONS

Cette collection qui, outre les minéraux les plus importants, contient aussi environ 25 roches, a été adoptée à l'École centrale des Arts et Manufactures pour l'étude pratique des élèves.

Dans une boîte de bois, avec cuvette et catalogue . . . . **50** »

COLLECTIONS DE GÉOLOGIE ET DE MINÉRALOGIE AGRICOLES

100 échantillons de 4 à 5 centimètres, avec flacons et cuvettes. **37 50**
200 — 6 à 7 — — . . . . **125** »
300 — 9 à 10 — — . . . . **250** »

Nouvelle Collection de MINÉRALOGIE et de GÉOLOGIE à l'usage des Écoles primaires.

Cette collection comprend 50 minéraux de format moyen (6 à 7 centimètres); 50 roches de format moyen et 25 *Fossiles*, soit en tout 125 échantillons renfermés dans cinq boîtes en carton, vitrées **62 50**

Sans boîte et sans couvercle, 45 francs.

Collections diverses de MODÈLES de CRISTAUX en bois.

Collection de 50 modèles . . . . **45** » | Collection de 100 modèles . . . . . **100** »

COLLECTIONS DE ROCHES

Classées suivant les demandes, soit par ordre de terrains, soit minéralogiquement, et, dans ce dernier cas, la classification adoptée est celle de M. Daubrée.

100 échantillons de 4 à 5 centim . .	37 50	100 échantillons de 6 à 7 centim. .	50 »
200 — — .	90 »	200 — — .	112 50
300 — — .	138 »	100 — 8 à 10 — .	62 50

Collection à l'usage des écoles primaires, 50 roches de 3 à 4 centimètres 12 50

COLLECTIONS DE FOSSILES

100 espèces : 37 50 — 200 esp. : 100 » = 300 esp. : 190 » — 400 esp. : 275 »

Collection à l'usage des écoles primaires, 50 fossiles 12 50

Nouveau NÉCESSAIRE de poche pour les ESSAIS AU CHALUMEAU,
à l'usage des Ingénieurs, Chimistes, Géologues, Pharmaciens, etc.

Ce NÉCESSAIRE de poche n'a que 18 centimètres de long sur 10 centimètres de large et 5 centimètres de hauteur. Il porte latéralement deux crochets pour y passer une bandoulière. La boîte en fer-blanc verni, avec un couvercle à coulisse, contient les objets suivants :

Chalumeau.	Tas en acier avec pilon spécial pour broyer les minéraux (remplaçant le mortier d'Abich).	2 flacons pour acide et nitrate de cobalt.
Lampe à alcool.		Verre bleu.
Pince à bout de platine.		Tubes.
Lame et fil de platine.	Barreau aimanté.	Verre de montre
Marteau.	Lime.	Papiers réactifs.
	Pince en fer.	Fil de magnésium.

12 *tubes contenant les réactifs suivants* : Borax, Sel de phosphore, Soude, Cyanure de potassium, Nitre, Bisulfate de potasse, Chlorure d'étain, Chlorure de calcium, Fluorine, Oxyde de cuivre, Cendres d'os, Plomb pauvre : *Soit 30 objets différents.*

Prix : 30 francs.

TABLEAUX CONTENANT DES ÉCHANTILLONS NATURELS

UN MANUEL EXPLICATIF EST JOINT AUX TABLEAUX

1. *Homme.* — Respiration, circulation du sang, digestion.
2. *Homme.* — Organe des sens, ouïe, vue, odorat, goût, système nerveux.
3. *Vertébrés.* — Mammifères, système dentaire, mammifères destructeurs d'insectes.
4. *Vertébrés.* — Oiseaux utiles à l'agriculture, œuf, son organisation.
5. *Vertébrés.* — Reptiles auxiliaires de l'agriculture, serpents, organisation des poissons.
6. *Articulés.* — Insectes utiles, nuisibles et auxiliaires.
7. *Articulés.* — Crustacés comestibles, vers intestinaux et parasites, mollusques et rayonnés, leur organisation.
8. *Plantes.* — Développement des tiges, bois industriels.
9. *Plantes.* — Feuilles et fleurs, leur organisation, leur rôle dans la nature.
10. *Plantes.* — Fruits, grains, germination.
11. *Plantes.* — Composées, Chardon, Camomille, Chicorée.
12. *Plantes.* — Légumineuses (Haricot), Labiées (Ortie blanche), Rubiacées (Garance).
13. *Plantes.* — Ombellifères (Carotte), Solanées (Pomme de terre.)
14. *Plantes.* — Oléacées (Olivier), Rosacées (Pommier), Crucifères (Colza), Ampélidées (Vigne).
15. *Plantes textiles.* — Urticées (Chanvre), Malvacées (Coton), Linnées (Lin).
16. *Plantes.* — Conifères (Sapin), Cupulifères (Chêne.)
17. *Plantes.* — Graminées (Blé), Liliacées (Oignon.)
18. *Plantes.* — Fougères, Champignons, Mousses, Lichens, Algues.
19. *Minéralogie.* — Vingt échantillons de minéraux industriels.
20. *Géologie.* — Formation de la terre, roches, animaux et végétaux fossiles.

Les tableaux ne se vendent pas séparément. — La collection est renfermée dans une caisse à charnière. . . . . 35 »

COLLECTION DE TRENTE ANIMAUX EN CARTON MACHÉ

Chaque animal est réduit au septième de sa grandeur naturelle et se vend séparément

PREMIÈRE SÉRIE

Nos							
1 Chien. . . .	2 50	4 Bœuf. . . .	6 60	7 Ane	4 50	10 Poule . . .	1 50
2 Chat	1 50	5 Vache . . .	6 60	8 Porc	2 50	La série de 10 animaux. . . .	
3 Mouton . . .	2 50	6 Cheval . . .	6 70	9 Canard. . .	2 75	maux . . .	35 »

DEUXIÈME SÉRIE

11 Orang-outang	4 75	16 Kanguroo .	4 25	21 Tigre . . .	7 »	26 Cerf	5 75
12 Babouin . . .	4 »	17 Paresseux .	4 50	22 Autruche. .	8 »	27 Condor. . .	4 75
13 Ours brun.	4 90	18 Dauphin. .	3 50	23 Tortue . .	8 50	28 Corbeau. .	1 50
14 Loup. . . .	3 75	19 Phoque. .	3 50	24 Éléphant.	35 »	29 Carpe . . .	1 50
15 Lion. . . .	6 75	20 Lièvre . .	1 50	25 Castor . .	2 50	30 Crocodile .	13 »

La série de 10 animaux. . . . . . 120 »

La collection complète, 30 animaux (2 séries réunies) . . . . 150 »

DEVIS POUR CABINET DE PHYSIQUE

Équilibre Mécanique

	CABINETS Nᵒˢ	1	2	3
1.	Cône pour équilibre stable et instable	3 15	2 50	2 50
2.	Fil à plomb avec support pendule oscillante.	3 15	2 50	2 50
3.	Marteau d'eau.	5 »	4 50	3 75
4.	Equilibriste avec support	7 50	7 50	7 50
5.	Tube de Newton et corps divers pour la chute des corps.	20 »	18 75	» »
6.	Moteur sur socle avec application variées pour démontrer les effets de la force centrifuge, *complet*	50 »	» »	» »
7.	Série de poids variés, subdivisions du gramme.	8 75	» »	» »
	Total.	97 55	35 75	16 25

Hydrostatique

		1	2	3
8.	3 Aéromètres divers, la série complète.	7 50	6 75	5 »
9.	Appareil à trois tubes communiquants.	25 »	» »	» »
10.	Appareil à pression verticale de bas en haut	10 »	7 50	7 50
11.	Balance hydrostatique s'élevant à crémaillère avec accessoires de principe Archimède.	137 50	87 50	» »
11 bis	1 paire de plateaux à long étriers pour transformer la balance précédente en balance de précision.	24 »	20 »	» »
12.	Balance métallique de Nicholson et étui.	10 »	8 75	8 75
13.	Ludion, figurine, éprouvette, appareil complet	7 50	7 50	7 50
	Total	221 50	138 »	28 75

Hydrodynamique

		1	2	3
				» »
14.	Vase de Tentale ou appareil à tubes capillaires.	5 »	3 75	» »
15.	Tourniquet hydraulique	12 50	10 »	10 »
16.	Fontaine intermittente	31 25	» »	» »
17.	Siphon en verre	1 90	1 60	1 25
18.	Pompe hydraulique donnant toutes les démonstrations de pompes industrielles ou privées, modèle métal et cristal à jeu de soupape visible.	43 75	» »	» »
19.	Flacon de Mariotte appareil complet.	7 50	5 »	5 »
	Total.	101 90	20 35	16 25

Pneumatique équilibre des Gaz

		1	2	3
20.	Machine pneumatique corps de pompe en cristal, modèle spécial, éprouvette à mercure platine de 18 et 13 c/m pour le cabinet nᵒ3 cloche à bouton	112 50	75 »	62 50
21.	Pose-main.	3 15	3 15	3 15
22.	Récipient crève-vessie et membrane.	3 75	3 15	3 15
23.	Coupe-pomme.	5 »	» »	» »
24.	Appareil de Leslie pour la congélation de l'eau.	12 50	» »	» »
25.	Deux hémisphères de Magdebourg.	20 »	18 20	17 50
26.	Vessie à robinet.	7 50	6 90	6 25
27.	Jet d'eau dans le vide	20 »	» »	» »
28.	Tube de Toricelli et support.	15 »	4 40	3 75
	Total	199 40	110 80	96 30

Électro Magnéto-Électrique

		1	2	3
51.	Pile bouteille au bichromate avec sel	7 50	6 25	» »
52.	Pile Bunsen.	6 25	5 »	3 75
53.	Galvanomètre.	7 50	7 50	4 40
54.	Bobine d'induction Rumkorff	35 »	10 »	» »
55.	Aiguille aimantée et support.	6 25	5 »	3 75
56.	Appareil à galvanoplastie complet	18 75	» »	» »
57.	Voltamètre à cloches divisées par 1 et 2	10 »	7 50	5 »
58.	Electro-aimant fer à cheval.	7 50	6 25	3 75
59.	Modèle de télégraphe Morse et Manipulateur cabinet 1 à cadran nᵒ 2.	31 25	20 »	» »
60.	3 tubes de Geissler.	6 25	3 75	2 50
61.	1 paire barreaux aimantés avec contacts	15 »	» »	» »
62.	Pierre d'aimant naturel.	5 »	» »	» »
63.	Appareil magnéto-électrique Clarke.	25 »	» »	» »
64.	Plaques zinc et cuivre rouge.	3 15	» »	» »
65.	Barreau aimanté et support	» »	5 »	» »
66.	Aimant artificiel fer à cheval.	5 65	5 »	2 50
	Total.	190 05	81 25	25 65

Optique

	CABINETS Nᵒˢ	1	2	3
67.	Disque de Newton à mouvement.	10 »	10 »	» »
68.	Kaléidoscope.	5 »	3 75	2 50
69.	3 Miroirs, plan concave, convexe.	45 »	15 »	» »
70.	Microscope grossissant 45 fois	25 »	17 50	12 50
71.	Prisme monté à mouvement nᵒ 1.	25 »	3 75	2 50
72.	Deux lentilles non montées	» »	10 »	7 50
73.	Deux lentilles montées biconcave et biconvexe	45 »	» »	» »
	Total	155 »	60 »	25 »

Compression

		1	2	3
29.	Baromètre anéroïde métallique	12 50	10 »	10 »
30.	Tube de Mariotte sur planchette divisée	12 50	12 50	10 »
31.	Briquet en cristal nᵒ1 et métallique nᵒˢ 2 et 3	18 75	3 75	3 75
	Total	43 75	26 25	23 75

Calorique

		1	2	3
32.	Thermomètre au mercure divisé sur tige.	5 »	3 75	3 75
33.	Pyromètre à anneau de S. Gravesende div. cubique. . .	12 50	12 50	12 50
34.	Arc de cercle, division linéaire.	15 »	» »	» »
35.	Appareil à conductilité selon Ingenhouse	10 »	10 »	» »
36.	Eprouvette servant à démontrer la faible conductibilité . .	10 »	» »	» »
	Total.	52 50	26 25	16 25

Électricité Statique

		1	2	3
37.	Machine électrique sur table plateau de glace.	62 50	44 40	» »
38.	Bouteille de Leyde.	4 40	3 75	3 15
39.	Analyse de la bouteille de Leyde	12 50	» »	» »
40.	Excitateur à charnière	3 75	3 75	3 75
41.	Tourniquet électrique et support	5 »	4 70	» »
42.	Peau de chat.	3 15	2 50	2 50
43.	Pantin en moelle de sureau.	2 50	2 50	2 50
44.	Electromètre à feuilles d'or	10 »	10 »	» »
45.	Chaîne conductrice métallique.	1 25	1 25	» 65
46.	Pistolet de Volta	3 15	3 15	2 50
47.	Electrophore résine ou caoutchouc.	12 50	12 50	11 25
48.	Bâton de verre dépoli d'un bout	3 15	3 15	2 50
49.	Pendule à balle de sureau	2 50	2 50	2 50
50.	Bâton de résine ou gomme laque	3 15	3 15	2 50
	Total	129 50	95 30	33 80

Acoustique

		1	2	3
74.	Tuyau d'orgue	15 »	» »	» »
75.	1 paire de téléphones Bell, fils recouverts.	18 75	15 »	8 75
76.	Diapason sans boite et simple nᵒˢ 2 et 3.	15 »	3 75	2 50
77.	1 Archet	6 65	5 »	3 75
78.	1 plaque vibrante 1 ronde, ou 1 carrée.	» »	» »	10 »
79.	2 plaques vibrantes, 1 ronde et 1 carrée	25 »	20 »	» »
80.	8 morceaux de bois donnant la gamme.	7 50	» »	» »
	Total.	87 90	43 75	25 »

MACHINE ÉLECTRO-STATIQUE
DONNANT DES ÉTINCELLES D'UNE LONGUEUR ÉGALE A CELLE DU RAYON DES PLATEAUX

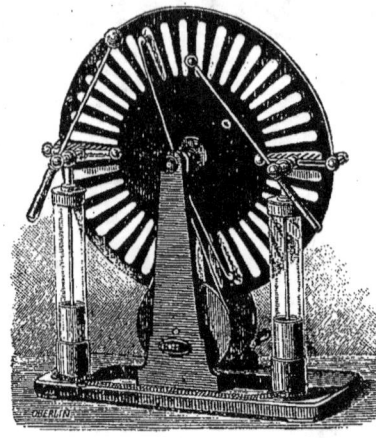

PRIX :

N° 1	N° 2
Plateau de 0,20 c/m de diamètre : **46 50**	Plateau de 0,25 c/m de diamètre : **56 50**

N° 3	N° 4
Plateau de 0,35 c/m de diametre : **100 »**	Plateau de 0,40 c/m de diamètre : **175 »**

Accessoires pour Machine	N° 1	2	3	4
1 Boîte chêne ciré.	12 50	15 »	20 »	31 55
1 Tabouret isolant.	7 50	8 75	15 »	22 50
Carreau étincelant.......	3 75	3 75	6 25	6 25
1 Tube étincelant.	2 50	2 50	3 75	6 25
1 Excitateur médical.......	3 75	3 75	8 75	12 50
1 Tige extensible pour tabouret	6 25	6 25	8 75	12 50
2 Tubes de Geissler	2 50	2 50	3 75	5 »
Pantins électriques.....	1 25	1 25	2 50	3 75

MATÉRIEL DE CHIMIE
Collection de produits chimiques et minéraux des Écoles Normales
Prix..... **112 Fr.**
Vases à col à pas de vis et couvercle métallique pour cette collection, en plus. **88** Fr.
DÉTAIL DE LA COLLECTION :

CORPS SIMPLES

Carbone, graphite, charbon brillant, brôme, iode, soufre cristallisé et en fleur, phosphore blanc et rouge, arsenic distillé, potassium, sodium, magnésium, aluminium, fer, zinc, bismuth, étain, cuivre, plomb, antimoine, mercure, argent, or, platine, platine en mousse *(flacons de 60 gr.).*
Acides borique, silicique, sulfurique, phosphorique, arsénieux, *(flacons de 125 gr.).*

CORPS COMPOSES

Potassium : Iodure *(flacons de 60 gr.),* potasse à la chaux *(flacons de 125 gr.),* chlorure, carbonate, sulfate, azotate, chlorate, silicate *(flacons de 375 gr.).*
Sodium : Soude à la chaux, sulfhydrate de soude *(flacons de 125 gr.),* chlorure, sel gemme, carbonate cristallisé, bicarbonate, sulfate, azotate brut et purifié, phosphate, hypochlorite, borate *(flacons de 375 gr.).*
Calcium : Chaux pure *(flacons de 125 gr.),* chaux maigre, chaux grasse, chaux hydraulique, ciment romain, hypochlorite, carbonate, craie, marbre, sulfate cristallisé naturel.
Phosphate précipité, phosphate des os, coprolithes, superphosphates, fluorure de calcium *(flacons de 375 gr.).*
Magnésium : Magnésie, chlorure cristallisé, chlorure anhydre, carbonate, sulfate, phosphate *(flacons de 375 gr.).*
Aluminium : Chlorure d'aluminium et de sodium *(flacons de 125 gr.),* alumine anhydre, alumine en gelée, sulfate, alun de potasse, alun d'ammoniaque, kaolin, bauxite *(flacons de 375 gr.).*
Zinc : Chlorure solide blanc, oxyde sublimé, précipité, carbonate, sulfate, cadmie, blende, calamine *(flacons de 375 gr.).*
Fer : Bisulfure (pyrite), perchlorure sublimé, peroxyde, oxyde magnétique, carbonate, sulfate, minerai *(flacons de 375 gr.).*
Etain : Protochlorure *(flacons de 125 gr.),* bisulfate *(flacon de 375 gr.).*
Cuivre : Protoxyde pour les arts, bioxyde *(flacons de 125 gr.),* carbonate, sulfate, azotate, acétate, verdet, sulfure, pyrite *(flacons de 375 gr.).*
Plomb : Iodure cristallisé *(flacons de 125 gr.),* massicot, minium, litharge, oxyde puce, carbonate (céruse), sulfate, azotate, acétate, sous-acétate, sulfure, galène *(flacons de 375 gr.).*
Mercure : Bioxyde, bioxyde précipité, cinabre bisulfure, vermillon bisulfure, protoazotate, deutoazotate, protochlorure (calomel), deutochlorure *(flacons de 125 gr.).*
Argent : Chlorure, sulfure, oxyde, azotate cristallisé, azotate fondu *(flacons de 30 gr.).*
Or : Chlorure *(flacon de 30 gr.).*
Platine : Chlorure *(flacon de 30 gr.).*

CHIMIE ORGANIQUE (Suite.)

Alizarine naturelle, alizarine artificielle (*flacons de 30 gr.*), acide oxalique, acide tartrique, acide citrique, bitartrate de potasse, indigo, cochenille, carmin, fuchsine, bleu, violet, vert lumière, albumine sèche, fibrine sèche (*flacons de 125 gr.*), cellulose, amidon, dextrine, sucre de fécule, miel, sucre de canne, mélasse, alcool, éther, acide acétique, acide stéarique, suif, acide oléique, glycérine, benzine, nitro-benzine, galipot, essence de térébenthine, aniline, bois de Brésil, bois de campêche, orseille, garance, curcuma, orcanète.
Os blancs, os calcinés noirs, noir animal (*flacons de 375 gr.*).

Collection de corps simples et composés
DES ÉCOLES PRIMAIRES SUPÉRIEURES

Renfermés dans des vases à col à pas de vis et couvercle métallique, vases compris (*flacons de 60 gr.*).. 55 Fr.

DÉTAIL DE CETTE COLLECTION :

Graphite, iode, soufre cristallisé et en fleur, phosphore blanc et rouge, sodium, magnésium, bismuth, antimoine, platine nickel (*flacons de 375 gr.*)
Potassium : Carbonate, azotate, chlorate.
Sodium : Chlorure, sel gemme, carbonate cristallisé, borate.
Calcium : Phosphate des os, coprolithes, superphosphates.
Magnésium : Magnésie, carbonate, sulfate.
Aluminium : Alun de potasse, kaolin.
Zinc : Oxyde, blende, calamine.
Fer : Bisulfure, sulfate, minerai.
Etain : Bisulfure.
Cuivre : Sulfate, sulfure, pyrite.
Plomb : Massicot, minium, litharge, carbonate, galène.
Mercure : Cinabre.
Argent : Azotate.
Chimie organique : Bois de Brésil, bois de campêche, orseille, garance, curcuma, orcanète, alizarine.

MATÉRIEL DE LABORATOIRE

Instruments de Mesure

	Ecoles primaires supérieures	Ecoles normales
1 Balance Roberval de 2 kilogr. et socle de poids cuivre	32 »	32 »
1 Eprouvette à pied graduée de 125 centimètres cubes	» »	5 »
1 Eprouvette à gaz graduée de 25 à 30 centimètres cubes	» »	4 50
3 Tubes gradués................	11 50	» »
1 Burette de Mohr pour liqueurs titrées, avec pince et support.	11 50	11 50

Broyage

1 Mortier fonte brute d'un demi-litre.........	6 »	6 »
1 — biscuit de porcelaine, de 14 centimètres........	» »	5 25
1 — porcelaine émaillée —	» »	6 30
1 Spatule de fer de 25 centimètres.............	» »	1 50
3 Tamis crin, soie, laiton de 26 centimètres...........	» »	8 40

Chauffage au charbon

2 Fourneaux à bassine de 16 et 19 centimètres	7 70	7 70
1 — à réverbère de 22 centimètres.........	» »	16 80
1 — à tubes de 30 centimètres	» »	16 80
2 Pinces à charbon : droite de 25 centim., courbe de 30 centim.	» »	6 »
1 — à creusets, droite de 30 centim.............	» »	3 15
3 Triangles assortis de 12, 17 et 23 centim.............	» »	3 90
2 Rondelles tôle	» »	2 10
1 Cône-allumoir	» »	4 20
1 Pelle à main	» »	3 15
1 Bain de sable en tôle.............	» »	3 15
1 Bassine fonte	» »	1 15
1 Pince en bois, grande.............	1 40	1 40
1 Bain-marie fer-battu..............	5 25	5 25
1 Lampe à alcool moyenne............	2 40	2 40
1 Table d'émailleur, dessus chêne, avec lampe à huile ou chalumeau à gaz.	77 »	77 »

Instruments divers

	Écoles primaires supérieures	Écoles normales
1 Support en bois avec pince articulée.	5 25	5 25
1 — — à un entonnoir moyen	2 50	2 50
1 — — à 2 entonnoirs moyens	» »	3 50
1 — — fer, à 3 anneaux, petit modèle	» »	5 20
4 Valets paille, assortis	» »	2 30
1 Percette	» 55	» 55
2 Râpes demi-rondes de 16 et 19 centimètres.	3 50	3 50
2 Queues de rat râpes de 11 et 19 centimètres.	3 50	3 50
1 Lime demi-ronde à métaux de 19 centimètres.	2 »	2 »
2 Queues de rat limes de 16 et 19 centimètres.	3 50	3 50
1 Lime trois quarts de 16 centimètres	2 40	2 40
1 Marteau	2 10	2 10
1 Ciseau à froid	2 10	2 10
Une paire de ciseaux.	3 15	3 15
100 Bouchons et bondes assortis	5 20	5 20
1 Cuve à eau, en zinc verni.	» »	19 60
1 Cuve à mercure, nouveau modèle	» »	14 »
Mercure 10 kilogr.	» »	140 »
Appareil hydrotimétrique, Boutron et Boudet.	39 »	39 »
Alambic Richard pour essai alcoolique des vins.	36 »	36 »
Appareil pour doser l'acide carbonique	» »	3 50
Petit tube gradué pour analyse de l'air par l'acide pyrogallique...	» »	2 80
Étuve Rousseau	» »	36 »

Porcelaine, Terre et Grès

	Écoles primaires supérieures	Écoles normales
6 Capsules porcelaine de 55, 70, 97, 110, 195, 140 millim.	» »	7 90
2 — — de 50 et 110 millim.	2 80	» »
6 Soucoupes porcelaine	2 10	2 10
1 Tube porcelaine de 28 millimètres.	» »	2 80
2 Têts à gaz de 6 et 8 centimètres	» 65	» 65
3 Tubes grès verni de 25, 35 et 45 millimètres	» »	5 50
4 Cornues grès de 120, 250, deux de chaque.	3 10	3 10
1 Cornue grès tubulée de 500 grammes	» »	1 40
24 Creusets de Paris, nos $\frac{4\ 5\ 7\ 8}{8\ 8\ 4\ 4}$	» »	5 30
12 Creusets de Paris, nos $\frac{4\ 5\ 7\ 8}{4\ 4\ 2\ 2}$	2 50	» »
10 Couvercles assortis.	» »	1 40
6 Couvercles assortis.	» 85	» »
4 Fromages assortis	1 40	1 40
4 Terrines de 15, 22, 28, 30 millimètres	0 »	0 »

Verrerie

	Écoles primaires supérieures	Écoles normales
16 Ballons verre de $\frac{125}{2}$ 250 $\frac{375\ 500}{4}$ $\frac{1000}{2}$	» »	5 75
8 Ballons verre de 125 $\frac{250\ 375\ 500}{2}$ 1000.	3 »	» »
3 Ballons tubulés, long col, de 250 500 1000	» »	3 35
8 Fioles, fond plat de $\frac{125}{3}$ $\frac{250}{3}$ $\frac{500}{2}$	2 45	2 45
3 Matras d'essayeur.	» »	» 65
12 Cornues de $\frac{60\ 125\ 250}{3}$ $\frac{500}{2}$ 1000	» »	3 50
3 Cornues de 60, 125, 250.	» 70	» »
3 — tubulées de 125, 250, 500. . . .	3 »	3 »
2 Allonges droites de 125, 250. . . .	» 50	» 50
6 Éprouvettes à gaz assorties	3 50	3 50
4 — à pied	3 50	3 50
2 — à dessécher de 25 et 30 centimètres	» »	6 65
2 Cloches à bouton de 2 et 4 litres.	» »	5 »
2 — — de 1/2 et 1 litre	1 40	» »
4 Flacons bi-tubulés de 500 et 1000, deux de chaque	7 50	7 50
2 Flacons tubulés de 500 et 1000	» »	2 40
2 Cols droits de 3 litres.	» «	3 35
6 — — de 1 litre	3 35	» »

Verrerie (*Suite*)

	Ecoles primaires supérieures	Ecoles normales
18 Verres à expériences de $\frac{60}{12}$ et $\frac{125}{6}$	8 80	8 80
8 Vases à précipités de $\frac{60}{2}$ $\frac{125}{2}$ $\frac{250}{2}$ 500 1000	» »	2 40
6 Entonnoirs de $\frac{125}{2}$ 250 500 1000	2 »	2 »
2 Entonnoirs petits	» 45	» 45
2 Pipettes ordinaires	1 20	1 20
1 Tube à entonnoir	» 35	» 35
1 — en S à cylindre	1 »	1 »
2 — de Welter à 1 et 2 angles	2 80	3 »
1 kilogr. Tubes et baguettes de verre	2 30	2 45
3 Tubes en U de $\frac{16}{2}$ et 20 centim.	» »	2 45
3 Cloches courbes	» »	1 70
8 Tubes d'essai et support	3 75	3 75
12 Flacons assortis de 60, 125, 250, 500, 1000, 2000 .	» »	4 40
5 — de 60, 125, 250, 1000, 2000	2 40	» »
Tubes caoutchouc assortis, 8 mètres	» »	14 »
— 4 mètres	7 »	» »

Produits chimiques destinés aux expériences des cours

	Ecoles primaires supérieures	Ecoles normales
Étagère en chêne, contenant 12 flacons, à étiquette vitrifiée, de 125 gr. avec RÉACTIFS : acide sulfurique, acide chlorhydrique, acide azotique, ammoniaque, potasse, prussiate jaune de potasse, oxalate d'ammoniaque, sulfhydrate d'ammoniaque, azotate d'argent, acétate de plomb, eau de baryte, chlorure de baryum.	31 50	31 50
1 kilog. Acide sulfurique	» 45	» 45
1 — azotique	1 20	1 20
2 — chlorhydrique	» 55	» 55
1 — ammoniaque	1 25	1 25
10 gr. Acide pyrogallique	» 85	» 85
500 gr. Acide acétique à 8°	» »	2 40
250 gr. Acide tartrique	» »	2 10
1 k. 300 gr. Carbonate de soude sec	» »	2 »
1 kilogr. Bi-carbonate de soude	» »	1 40
200 gr. Potasse en cylindres	» »	1 »
1 kilogr. Soufre en canons	» »	» 85
— en fleurs	» »	» 85
3 Sulfure de fer	» »	6 30
500 gr. Sulfure d'antimoine	2 80	2 80
2 kilogr. Bioxyde de manganèse	2 25	2 25
500 gr. Sulfure de carbone	» »	1 »
30 gr. Phosphore blanc	» »	» 65
50 gr. — amorphe	» »	1 40
1 kilogr. Os en poudre	» »	1 25
500 gr. Noir animal en grains	» 45	» 45
500 gr. — en poudre	» 45	» 45
2 kilog. Azotate de potasse	3 90	3 90
2 — Marbre concassé	» »	» 70
1 — Chlorate de potasse	4 20	4 20
1 — Fluorure de calcium pulvérisé	» »	1 40
1 — Alun d'ammoniaque	» »	» 70
500 gr. Azotate	2 10	2 10
1 kilog. Sulfate de fer	» »	» 35
1 — de cuivre	» »	1 55
500 gr. Acétate de plomb	» »	2 10
100 gr. Chlorure de baryum pur	» »	» 55
500 gr. Azotate de baryte ord.	» »	1 »
10 gr. Iode	» »	1 25
50 gr. Brôme	» »	1 10
250 gr. Bichromate de potasse	» »	1 25
2 kilogr. Zinc en grenaille	» »	2 80
1 —	1 40	» »
500 gr. Cuivre en planure	2 50	2 50
250 gr. Etain	» »	1 40
500 gr. Plomb	» »	1 25
500 gr. Litharge	» »	» 85
1 kilogr. Minium	» »	1 70
100 gr. Azotite de soude	1 40	» »
10 gr. Iode	1 30	» »
250 gr. Tournesol en pains	» »	1 15
Collection de papiers réactifs, une boîte	1 40	» »
Vases pour les produits, environ	9 80	28 »

COLLECTIONS D'IMAGES A L'USAGE DES ÉCOLES MATERNELLES

(Voir détail des images au Catalogue spécial d'enseignement.)

Nouvelle collection d'images à l'usage des salles d'asile, dessinées par MM. LELOIR et LLANTA, peintres d'histoire. Format petit carré : longueur, 50 centimètres ; hauteur, 41 centimètres.

ANCIEN TESTAMENT

PREMIÈRE PARTIE : 30 *sujets*. Prix, en noir. . . . . 9 »
Coloriés avec le plus grand soin. 22 50
Ces trente sujets collés sur toile, vernis, montés sur gorge et rouleau, formant un grand tableau, se payent en sus . . 18 »
Chaque sujet, collé sur carton, se paye en sus. . . . . » 75
Le montage sur onglets se paye en sus, par cahier de 10 planches. . . . . . . » 60
2ᵉ PARTIE : 30 *sujets*. Prix, en noir. 9 »
Coloriés avec le plus grand soin. 22 50
Ces trente sujets collés sur toile, vernis, montés sur gorge et rouleau formant un grand tableau, se payent en sus . . . . . 18 »
Chaque sujet, collé sur carton, se paye en sus. . . . . » 75
Le montage sur onglets se paye en sus par cahier de 10 planches. . . . . . . » 60

NOUVEAU TESTAMENT

50 *sujets*. — Prix, en noir. 17 50
Coloriés avec le plus grand soin. 37 50

Ces cinquante sujets collés sur toile, vernis, montés sur gorge et rouleau, formant deux grands tableaux, se payent en sus . 36 »
Chaque sujet, collé sur un carton, se paye en sus. . . . . » 75
Le montage sur onglets se paye en sus, par cahier de 10 planches. . . . . . . » 60

Tableau-image d'histoire sainte, à l'usage des écoles chrétiennes et des salles d'asile, par MM. A. LELOIR et LLANTA.
Prix en noir. . . . . 8 »
Monté sur toile, verni, avec gorge et rouleau. . . . . 21 »
Colorié. . . . . 27 »
Monté sur toile, avec gorge et rouleau, et verni. . . . . 40 »
Questionnaire séparément . . . . » 30

HISTOIRE NATURELLE

30 *sujets*. — Prix, en noir . . . 10 50
Coloriés avec le plus grand soin. 22 50
Ces trente sujets collés sur toile, vernis, montés sur gorge et rouleau, formant un grand tableau, se payent en sus. . . 18 »
Chaque sujet, collé sur carton, se paye en sus. . . . . » 75
Le montage sur onglets se paye en sus, par cahier de 10 planches. . . . . . . » 60

IMAGES EN FEUILLES POUR RÉCOMPENSES

Prix, la feuille, 5 c.; le cent assorties. 3 50
La collection se compose :
Ancien Testament (1ʳᵉ feuille). . . 20 sujets.
— — (2ᵉ feuille) . . . 20 sujets.
Nouveau Testament . . . . 20 sujets
Vues et Monuments de la Palestine. . . . . 16 sujets.
Histoire naturelle . . . . 25 sujets.

Imagerie des connaissances utiles, par ADRIEN LINDEN, publiée par feuilles séparées, format couronne (36 sur 46), contenant chacune neuf dessins coloriés, dont un sujet principal avec légendes explicatives donnant une idée première des objets et des choses usuelles.
Prix, le cent de feuilles. . . . . 10 »
La collection comprendra au moins 50 feuilles. Sont en vente : 1º le Blé; 2º le Papier; 3º le Bœuf; 4º la Houille; 5º le Fer; 6º les Défenseurs de l'agriculture; 7º le Verre; 8º le Bois; 9º la Chasse aux animaux; 10º la Pierre; 11º le Mouton; 12º Inventions et découvertes; 13º l'Argile; 14º le Chien; 15º le Chanvre; 16º les Choses usuelles; 17º le Cuivre; 18º le Ver à soie; 19º le Sucre; 20º la Pêche maritime.

(Voir, pour les bons points, le Catalogue spécial de fournitures des classes).

COLLECTION DE SYSTÈME MÉTRIQUE

DÉSIGNATION DES OBJETS

Nᵒˢ		La pièce	Nᵒˢ		La pièce
1	Mètre plat, avec centimètres . .	1 40	16	Mesure à vin en étain : Demi-décilitre. .	1 25
2	Mètre pliant, buis, avec centim. et mill	» 35	17	— — Double centilitre	» 80
3	Décamèt. d'arpenteur, avec fiches	3 50	18	— — Centilitre.	» 70
4	Décamètre, boîte cuir noir cousue, grand modèle, ruban coton. . . .	1 40	59	Les prix des mesures en étain sont variables Mesure à vin, fer battu. Litre. .	2 45
5	Double décimètre en buis, à boutons, avec demi-millimètres . . .	» 30	60	— — — demi-lit. .	1 65
			61	— — — doub. déci.	1 10
6	Double décimètre en buis, plat, avec millimètres	» 20	62	— — — décilitre. .	» 90
			63	— — — demi. déci.	» 80
10	Modèle du mètre cube, se démont.	28 »	64	— — — doub. centi.	» 65
11	Modèle du stère, se démontant. .	28 »	65	— — — centilitre .	» 55
12	Mesure à vin en étain : Litre. . .	5 50	22	Mesure à lait : litre en fer-blanc.	» 80
13	— — Demi-litre. . . .	3 20	23	— demi-litre en fer-bl. .	» 60
14	— — Doub.-décilitre.	2 25	27	— double décil. en fer-bl.	» 55
15	— — Décilitre.	1 60	28	— décil. en fer-blanc	» 40
			29	Mesure à huile : litre en fer-bl. .	» 80

COLLECTION DE SYSTÈME MÉTRIQUE (*Suite*)

30 Mes. à huile, demi-litre en fer-bl.	»	65	46 Balance ordinaire, plateaux en		
31 — doub. décil. en fer-bl.	»	50	fer battu	6	30
32 — décilitre en fer-bl.	»	40	47 Série de poids en cuivre, de		
33 — demi-décil. en fer-bl.	»	35	2,000 grammes, avec socle	10	»
34 — doub. cent. en fer-bl.	»	35	48 Série de poids en cuivre de		
35 — centilitre en fer-bl.	»	25	1,000 grammes, avec socle	5	25
36 Hectolitre en bois	30	»	49 Série de poids en cuivre, de		
37 Décalitre en bois	2	25	200 grammes, avec socle	3	»
38 Demi-décalitre en bois	1	60	50 Subdivision du gramme en cui-		
39 Double-litre en bois	1	»	vre	»	25
40 Litre en bois	»	70	51 Poids de 50 grammes en fonte.	»	25
41 Demi litre en bois	»	70	52 — 100 grammes. —	»	37
42 Double décilitre en bois	»	70	53 — 200 —	»	50
43 Décilitre en bois	»	70	54 — demi-kilog —	»	85
44 Balance à colonne, plat. en cuiv.			55 — kilogramme —	1	20
5 kilog	22	50	56 — double kilogr. —	1	70
45 Balance ordinaire sur pied, 2 k.			57 — demi-myriag. —	3	50
monture à chaîne	13	»	58 Poids en fonte de fer : myriagr.	5	50

COLLECTIONS DE SOLIDES GÉOMÉTRIQUES EN BOIS

Collection élémentaire de 7 solides de 6 centimètres et de 16 figures planes contenues dans une boîte à dessus de verre	14	»
Collection élémentaire de 8 grands solides de 20 centimètres de haut	25	»
— — 24 solides, 7 centimètres	31	»
— — — — en boîte vitrée	37	50
— — 24 petits solides, 3 centimètres en boîte vitrée	12	»
— de 6 solides blanchis, en usage dans les écoles de la Ville de Paris (hauteur 0m30)	28	»

(Voir le Catalogue de dessin pour les solides en zinc et en fil de fer.)

COMPENDIUMS METRIQUES

Le n° 1 se compose de :

Mètre pliant.
Chaîne d'arpenteur.
Double décimètre.
Décimètre cube plein, en bois.
Décimètre cube creux, en zinc.
Centimètre cube creux, en bois.

Mesures à vin, fer-blanc :
Litre.
Décilitre.

Mesures à lait, fer-blanc :
Litre.
Décilitre.

Mesures en bois :
Litre.
Décilitre.
Balance fer-blanc.
1 série poids cuiv. 200 grammes.
Poids fonte 500 grammes et un kilogramme,
Le tout renfermé dans un meuble en chêne.

Numéro 1. Mesurant 45 cent. de largeur sur 25 cent. de hauteur.
La pièce . . . . **45** »

Numéro 2. Mesurant 54 cent. de largeur sur 68 cent. de hauteur.
La pièce . . . . **81** »

Le n° 2 se compose de :
Mètre plat.
Mètre pliant.
Chaîne d'arpenteur.
Double décimètre.
Déc. cube plein, en bois.
   —   creux, en zinc.
Centimètre cube creux, en bois.
1 série mesures à vin en étain, du litre au centilitre (7 mesures).
1 série mesures à lait fer-blanc, du litre au centilitre (4 mesures),
1 série mesures à huile fer-blanc du litre au centilitre (7 mesures).
1 série mesures en bois du litre au décilitre (4 mesures).
Balance Roberval.
1 série poids cuivre 500 grammes.
1 série poids fonte du demi-hecto. au kilo.
1 collection géométrie, figures planes.
Le tout renfermé dans un meuble en chêne.

Décimètre cube creux, en zinc. Prix . . . . » **90**
Centimètre cube creux, en zinc. Prix . . . . » **25**

NOUVEAU COMPENDIUM DES ÉCOLES PRIMAIRES

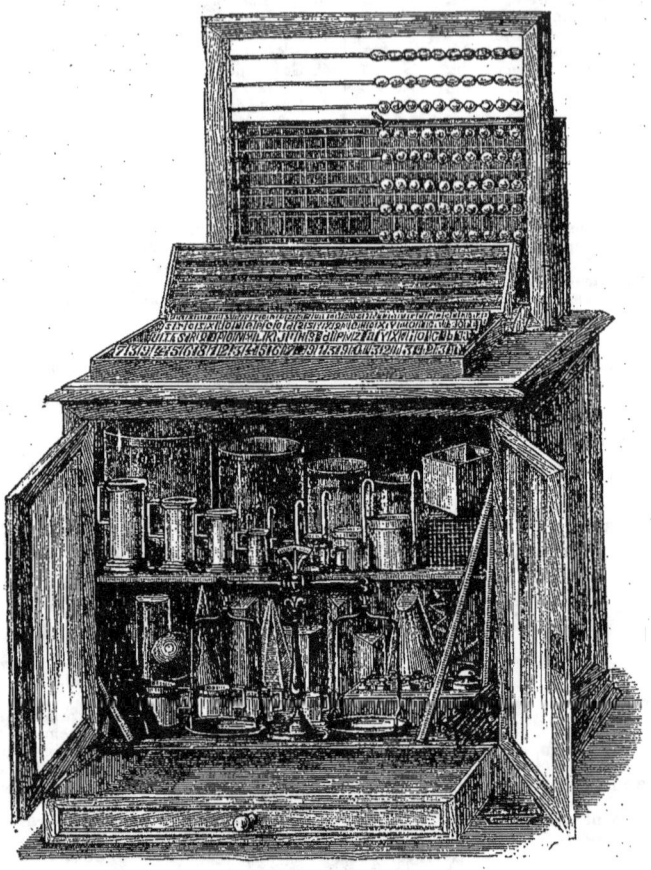

Le compendium des écoles primaires se compose d'un meuble en chêne ciré et vitré, d'un tableau noir mesurant 0m60 sur 0m80 ardoisé de deux côtés et quadrillé sur une face: d'un boulier compteur. (Le tableau et le boulier s'emboîtent à rainures, derrière le meuble.) Un pupitre mobile en chêne ciré et pliant à charnières se pose sur le compendium et sert pour la démonstration par les gravures. L'armoire contient une collection complète du système métrique, comprenant: sept mesures en bois, pour grains; sept mesures étain, à vin; sept mesures fer battu, à huile; quatre mesures fer battu, à lait; un décimètre cube plein, divisé; un décimètre cube creux; un centimètre cube creux; une balance à fléau, grand modèle; une série de 1,000 grammes, poids en cuivre; une série poids en fonte de 50 grammes à 2 kilogrammes; une chaîne d'arpenteur; un mètre droit; un mètre brisé, dix branches; un double décimètre, buis, divisé en millimètres; une collection de huit grands solides de 20 centimètres de hauteur en bois; dans le tiroir du bas se trouve la méthode complète de l'enseignement de la lecture à l'aide de lettres mobiles.

Prix du meuble complet . . . . 240 »
Le même meuble ne comprenant que le système métrique et la collection des solides. 145 »

COMPENDIUMS NOYER VERNI AVEC OU SANS ORGUE

841. No 1. Comprenant :

Un album-pupitre pour recevoir les gravures.
Un boulier compteur.
Un quartier lecteur à quatre bandes tournantes.
Un tableau noir.
Des casiers pour les lettres mobiles.
Une armoire vitrée destinée à recevoir les collections d'histoire naturelle et de minéraux.
Un orgue à un registre et quatre octaves.
Le tout renfermé dans un meuble en noyer verni avec panneaux vitrés.
Mesurant 1m20 de longueur, 0,90 de largeur, 0,85 de profondeur, y compris l'orgue . . . . La pièce. 750 »
Le même, sans orgue . . . . — 650 »
No 2. D'un travail plus simple, mais renfermant les mêmes objets que dans le no 1, de même dimension, avec orgue . . . . — 650 »
Sans orgue, avec armoire . . . . — 560 »
No 3. Comprenant les mêmes objets que dans les nos 1, 2, ne mesurant qu'un mètre de longueur, avec orgue . . . . — 530 »
Sans orgue avec armoire . . . . — 440 »
No 4. Sans orgue ; son couvercle sert à la fois de quartier lecteur et de tableau noir. Hauteur 0,90, profondeur, 0,56 . . . . — 250

COMPENDIUM NOYER VERNI

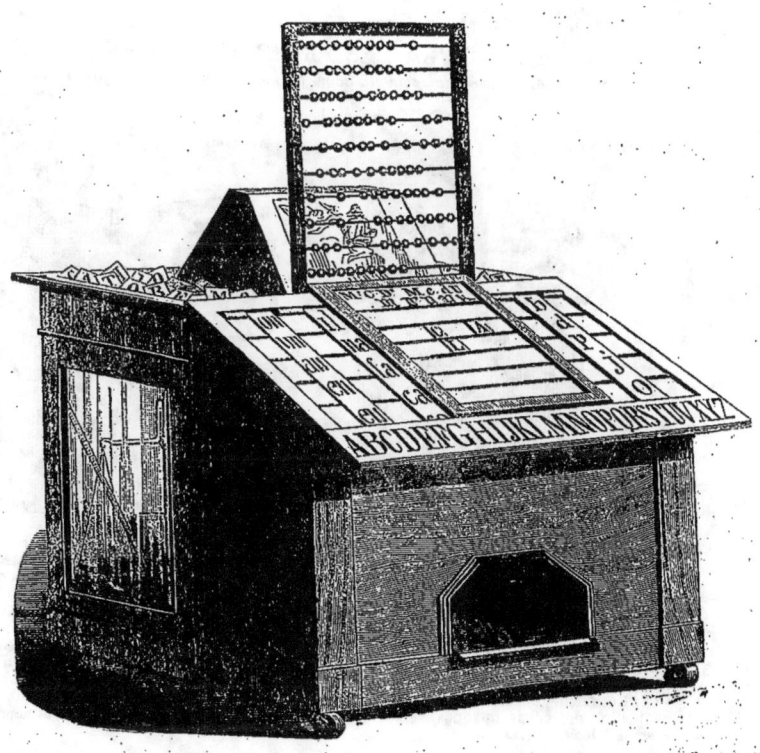

COMPENDIUM DES LEÇONS DE CHOSES

Nouveau meuble des salles d'asile, en noyer verni, d'un modèle entièrement nouveau, contenant un matériel complet établi d'après les méthodes les plus nouvelles de l'enseignement en France et à l'étranger.

Prix   625 fr.

Le même avec orgue.

Prix : 750 fr.

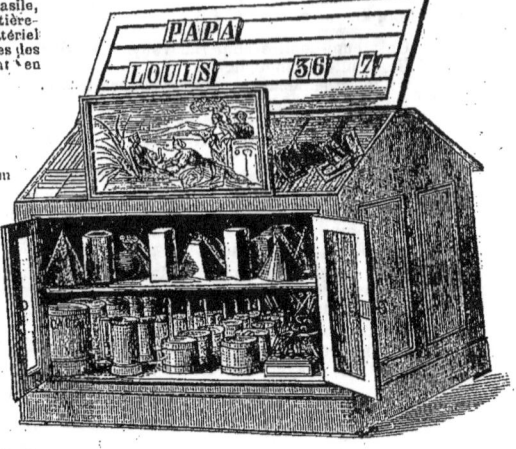

Ce meuble, ainsi que son nom l'indique, renferme tout le matériel indispensable pour la pratique de l'enseignement élémentaire :

1 collection, 8 solides géométriques en bois, 21 cent.
7 mesures à grains en bois.
7   —   à vin en étain.
7   —   à l'huile, fer-blanc.
4   —   à lait, fer blanc.
6 poids fonte, 2 kilog., 1 kilog. 500 gr., 200 gr., 100 gr., 50 gr.
1 série poids en cuivre 500 gr.
1 double décim., buis aux m/m.
1 mètre 10 branches, buis.
1   —   droit.
1 chaîne d'arpenteur avec fiches.

Le numérateur à chevilles de Cordier,
Le relief élémentaire de Kleinhans pour l'enseignement des termes géométriques ;
Le matériel complet de l'enseignement de la lecture,
Une collection de lettres et de chiffres mobiles ;
Un quartier lecteur ;
Un pupitre mobile pour les grandes images.

ENSEIGNEMENT PAR LES PROJECTIONS LUMINEUSES

Proposé pour toutes les Communes par la Commission des Sciences physiques et naturelles.

(Voir les prix page 39.)

Appareil N° 1.

Appareil N° 2.

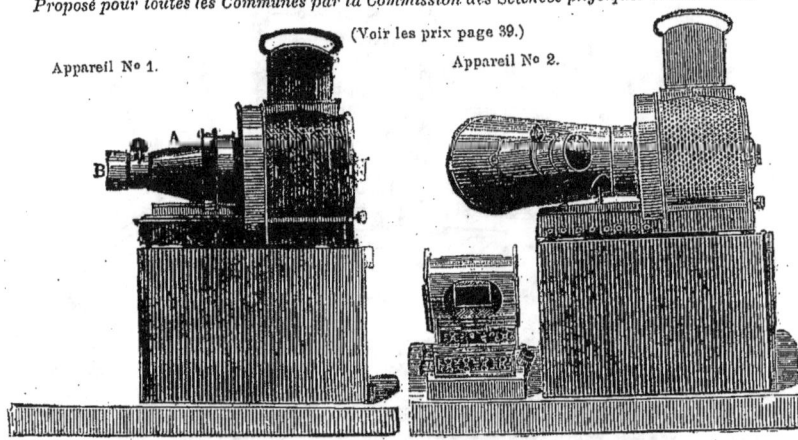

N° 1. Appareil de projection pour les corps transparents, éclairé au moyen d'une lampe à pétrole, à trois mèches, avec lesquelles on peut obtenir une projection de 0m30 de côté jusqu'à 2 mètres. Cet appareil est construit en tôle inoxydable, et est combiné de façon à ce que le corps de l'appareil en tôle perforée ne puisse échauffer la partie qui supporte le condensateur, empêchant ainsi l'échauffement des lentilles, ce qui les garantit contre le bris qui a lieu fréquemment avec les autres appareils. Le condensateur est composé de deux lentilles, plan convexe, de 102 millimètres de diamètre : l'objectif est de combinaison double achromatique et peut être employé pour faire de la photographie, diamètre de 43 millimètres ; il est muni d'une crémaillère qui sert à la mise au point. Chaque appareil est renfermé dans une boîte en tôle à serrure.

N° 2. Le même appareil que ci-desus, muni en plus d'un cône en tôle d'un angle de 45° pour la projection des corps opaques, tels que cartes photographiques, dessins, etc., et reproduisant exactement les couleurs.

ENSEIGNEMENT PAR LES PROJECTIONS LUMINEUSES (*Suite*)

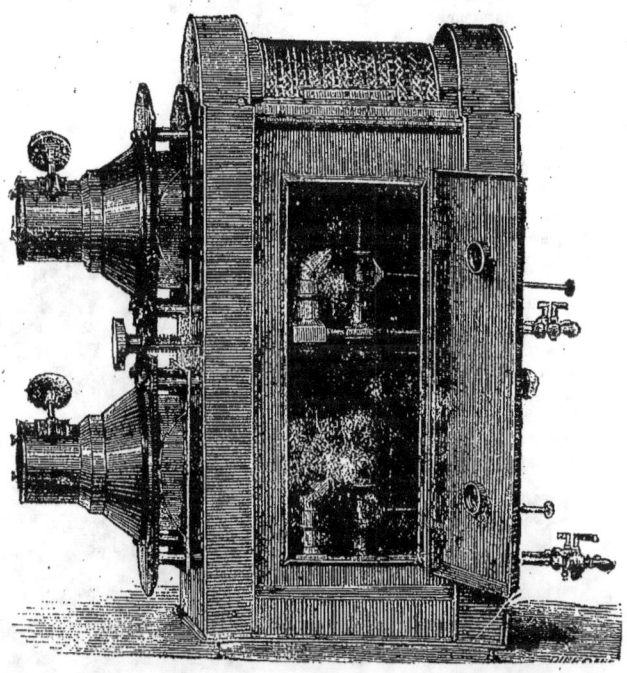

Nº 3. Appareil double à lumière oxyhydrique, construit en tôle, avec garnitures et portes nickelées, plaques et cônes de devant en cuivre verni. Le condensateur est composé de deux lentilles plan convexe de 120 millimètres de diamètre, l'objectif est composé de deux lentilles achromatiques d'un diamètre de 0,56 millimètres, court foyer pouvant donner une projection d'une grandeur égale à la distance de l'appareil à l'écran. La monture est munie d'une crémaillère pour la mise au point.

APPAREILS ADOPTÉS PAR LA COMMISSION DE L'ENSEIGNEMENT PRIMAIRE

POUR LES ÉCOLES DE LA VILLE DE PARIS

AVANTAGES

1º une projection de 2 mètres de côté, très nette et très éclairée ;

2º La boîte à lumière, tout en fer, est supportée par quatre colonnes en cuivre fixées sur un socle en acajou ; disposition qui permet de placer toutes les sources de lumière : lampe à pétrole, lumière oxyhydrique ou régulateur de lumière électrique.

3º Sur le devant de l'appareil sont montés les porte-objets, soit pour la projection des tableaux transparents ou opaques, sans qu'on ait besoin de retourner ou de démonter aucune partie de l'appareil. Le centrage absolu du système optique est assuré par le mode de construction et sa solidité ;

ENSEIGNEMENT PAR LES PROJECTIONS LUMINEUSES (*Suite*)

4° Le système optique est composé : 1° d'un condensateur de lumière à double lentille plan convexe, de 103 millimètres de diamètre, destiné à éclairer les tableaux dans toute leur étendue ; 2° d'un objectif double achromatique, destiné à projeter le sujet sur l'écran ; il est muni d'une crémaillère qui sert à la mise au point ;

5° Le système éclairant qui accompagne l'appareil est une lampe au pétrole à cinq mèches parallèles, produisant une combustion complète, sans odeur ni fumée.

Le même appareil, avec la partie supportant l'objectif et le porte-épreuve pouvant se retirer et faire place à une tablette en tôle avec support mobile et grand cône sur lequel s'adapte l'objectif pour expé_ riences scientifiques par projection.

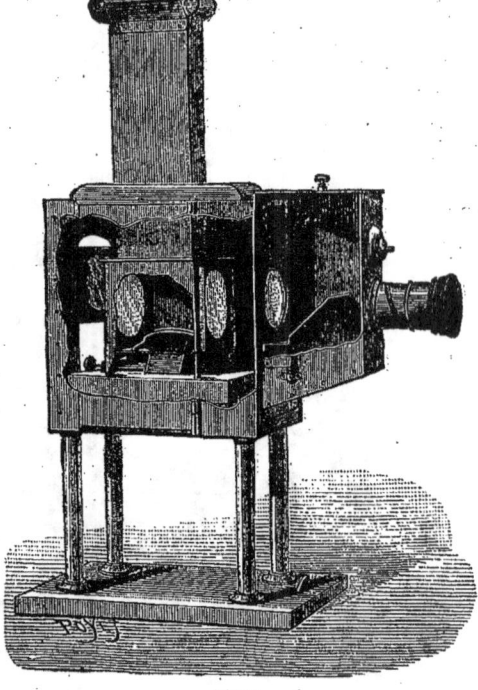

Fig. 1

L'addition de ce cône complète tous les perfectionnements de l'appareil. Le professeur peut alors démontrer par projection tous les phénomènes physiques, tels que la décomposition des gaz, au moyen de la cuve à eau, examens des divers gaz et liquides, appareils électriques et de polarisation, en outre de la projection des tableaux transparents et corps opaques.

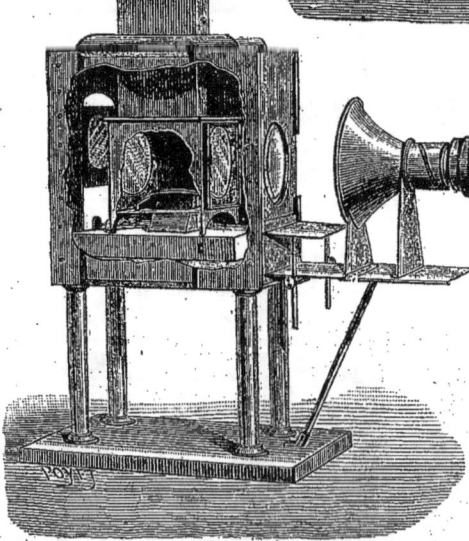

Fig. 2.

ACCESSOIRES POUR APPAREILS A PROJECTIONS

Lanterne universelle appareil n° 1 (page 36) . . . . 75 »
— — — 2 — . . . . 84 »
— sur colonnes 2 usages appareil n° 1 (page 38) . . . . 120 »
— — 3 — 2 — . . . . 135 »
— double — 3 (page 37) . . . . 315 »
Châssis 2 ouvertures 2 25
— 1 — 1 15
— Cuve pour projeter des liquides, animaux, etc 6 75
Chalumeau ordinaire à engrenage 22 50
— Modèle fort . . . . 27 »
— — à cremaillère et centre 37 50
— — oxycalcique . . . . 30 »
Support pour chalumeau 3 15
Cheminée 3 15
Tuyau caoutchouc, petit modèle, le mètre 2 25
— — gros — . . . . 3 »
Cornue petit modèle . . . . 15 »
— grand — 19 50
Laveur . . . . 12 »
Fourneau . . . . 12 »
Boîte de 12 bâtons de chaux, 1re qualité 4 50
Sac à gaz à robinet de sureté, 150 litres . . . . 75 »
— — — 250 — . . . . 90 »
Compresseur en bois petit modèle . . . . 24 »
— — grand — . . . . 30 »
Pied 3 branches pliantes avec tablette pour petits appareils . . . . . . 15 »
— noir 3 branches à cremaillère et tablettes à 2 mouvements pour les gros appareils. 52 50
Ecran en calicot 2 m. sans couture . . . . 15 »
— — 3 — avec couture (presque invisible) . . . . 33 »
— — 4 — 37 50
Cuve à eau avec contacts électriques 22 50
Microscope ordinaire à 2 grossissements 22 50
Préparations spéciales en cadre bois (36 sujets à la collection) . . . . . . chaque 3 75
Grand microscope à fort grossissement, pour la projection des sujets microscopi-
    ques, avec boîte à prisme et lentille, divergents mobile, monture complète à
    cremaillère, platine à ressort. Lentille condensatrice mobile pour les projec-
    tions scolaires, photomicrographie, etc 127 15
Lampe de lecture à timbre pour l'usage de l'opérateur 10 50
Chromatrope à engrenage, monture ordinaire 5 25
— — cuivre, monture acajou verni pouvant recevoir différents
    verres 13 50
Verres pour chromatropes, peinture fine, la paire . . . . 3 »
Disque de Newton, monture acajou 22 50
Collection de 30 vues, en boîte, avec conférence sur un « Voyage au Pays des Pharaons ». 56 25
La même collection en coloris fins 123 75
Vues mécanisées, la pièce . . . . de 2 fr. 25 à 75 »
Vues ordinaires assorties 1 75
Nouveau Manuel des projections, 190 pages, 105 gravures 2 50

LE STADIOMÈTRE DE CAMPAGNE (Breveté S. G. D. G.)

Le Stadiomètre de campagne, dû à un de nos officiers supérieurs, est un petit instrument
entièrement métallique, qui donne, par simple lecture, les distances sur toutes les cartes ou plans.
    D'une construction précise, il est apte à tout emploi, quelles que soient l'échelle graphique
et l'unité de mesure : kilomètre, lieue marine, mille anglais ou allemand, verste, etc..., soit que
l'on construise soi-même cette échelle graphique, soit que l'on utilise celle de la carte ; il suffit
de placer ces échelles sous les bandes-ressorts B, de l'instrument.
    Nous livrons, du reste, le Stadiomètre avec les différentes échelles graphiques en usage dans
les États-Majors des principales puissances de l'Europe ; 126.000e et 420.000e pour la Russie ;
50.000e pour la Suisse et la Belgique ; 63.360e pour l'Angleterre ; 80.000e pour la France et
144.000e pour l'Autriche ; 100.000e pour la Prusse, l'Italie, la Suisse. Le tout est renfermé dans
un petit écrin très portatif.
    Si on le désire, on peut faire graver sur le Stadiomètre telle échelle que l'on voudra.
    En outre, un des côtés de l'instrument porte une graduation métrique qui permet de l'utiliser
comme règle graduée, et peut servir, dans le tir, à la détermination des distances directes.
    Le Stadiomètre est d'un emploi facile, commode, même à cheval ; il peut rendre, croyons-nous,
de grands services à MM. les officiers.
    Si l'on compare le Stadiomètre au Curvimètre à cadran, le plus en usage actuellement, on ne
peut hésiter à donner la préférence au premier de ces instruments, entièrement métallique, qui
ne comporte ni glace, ni aiguille fragile, et dont l'exactitude approximative est, par exemple,
pour l'échelle du 100.000e, de une demi-division, c'est-à-dire de 50 mètres, tandis que dans
le Curvimètre elle n'est que d'une demi-division, c'est-à-dire de 500 mètres.
    Le prix de l'instrument, nickelé, avec les échelles graphiques et l'écrin, est de 13 fr. 10.

GLOBES

GLOBES TERRESTRES dressés par M. E. LEVASSEUR

1° *Globe de 1ᵐ60 de circonférence — Echelle du 25,000,000ᵉ*

Ce globe, qui vient de paraître, a été dressé à l'aide des cartes marines et des cartes d'États ou de régions les plus récentes. Les renseignements qu'il contient en font un résumé de la géographie de la Terre qui, dans certains cas, peut tenir lieu d'un atlas et qui a l'avantage de montrer les différentes parties du monde dans leur véritable relation sur la sphère. Les degrés y ont été tracés de 5 en 5 avec un trait un peu plus fort de 15 en 15, afin de faciliter le calcul des heures. (Une distance de 15° en longitude correspond à une différence de 1 heure.)

L'orographie et l'hydrographie ont été l'objet d'une étude toute spéciale, ainsi que les profondeurs de la mer et les courants marins qui sont dessinés d'après les publications des géographes français et allemands les plus autorisés et de l'amirauté britannique. Les régions polaires sont représentées avec le détail que comporte l'échelle du globe.

L'échelle a permis de marquer la plupart des localités importantes, au moins en Afrique, en Océanie, en Amérique, dans l'Asie septentrionale et dans l'Europe orientale. Tous les grands ports de commerce y figurent. Des signes particuliers distinguent les villes par catégories suivant leur population. Le coloris adopté montre clairement la division par parties du monde et par États. Les câbles sous-marins et les grandes lignes télégraphiques par terre, les principaux chemins de fer, les lignes de navigation avec la durée du trajet y sont tracés. Ce globe présente ainsi un ensemble intéressant aux trois points de vue de la géographie physique, politique et commerciale. — *Pour les prix et différents genres de montures voir page 41 et 42.*

2° Globe de 1ᵐ de circonférence. — 318 millimètres de diamètre.

Ce globe, dressé par M. E Levasseur, d'après le même système que ses cartes murales, est

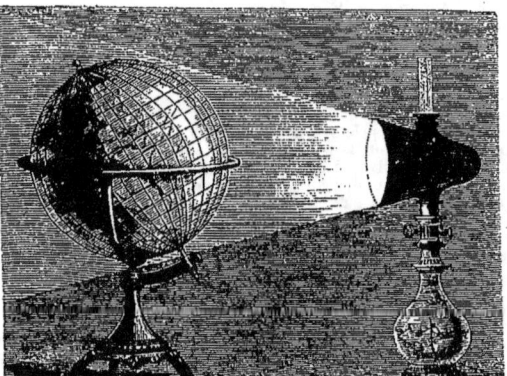

à la fois physique, politique, économique; il marque les plans hypsométriques des cinq parties du monde; il représente avec son relief, réellement proportionnel, la plus haute montagne du globe; il est à l'échelle la plus simple pour un globe, au $\frac{1}{40,000,000}$ ce qui lui donne 1 mètre de circonférence ou 1 millimètre par 40 kilomètres.

Une monture particulière permet sans masquer les noms par des cercles de bois ou de métal, de placer à volonté le globe sur son pied, avec son inclinaison sur l'écliptique ou de le tenir à la main pour la plus grande facilité des démonstrations. On peut le faire tourner sur son axe dans le sens de la rotation de la terre, et amener successivement en face d'une lumière les diverses contrées, en reproduisant exactement le phénomène du jour et de la nuit, du lever et du coucher du soleil. Divers accessoires aident à rendre sensibles, même aux yeux de jeunes enfants, ces phénomènes, ainsi que ceux des saisons, de leurs différences dans les diverses zones de la terre. Ce globe est le seul, jusqu'ici, à l'aide duquel on puisse donner un enseignement élémentaire de cosmographie par l'aspect, c'est-à-dire par la vue même des phénomènes; une brochure et des indications placées sur le pied du globe facilitent au maître cet enseignement.

Le globe sans accessoires, à Paris. . . . . 30 »		Le globe avec accessoires à Paris. 38 50	
Le globe sans accessoires franco en province . . . . 35 »		Le globe avec accessoires franco en province . . . . ; 45 »	

Les accessoires qui se rattachent à ce globe se vendent aussi séparément :

1° Un cercle zodiacal marquant, avec le plan de l'écliptique, les heures du jour et de la nuit pour tous les lieux du globe, les signes du zodiaque, les mois et les saisons. . . . . 5 »

2° Un abat-jour de forme conique, pouvant s'adapter à toutes les lampes, destiné à reproduire, en projetant la lumière sur le globe, les jours et les nuits, les saisons, etc. 1 50

3° 2 poupées en plomb qui servent à la démonstration des mouvements du globe terrestre. » 75

4° 2 petites boules en laiton d'inégales dimensions, fixées aux deux extrémités d'une même tige et exprimant par leur grosseur proportionnelle le rapport de la terre à la lune. 75

5° Un navire et un phare, unis par plusieurs fils, figurant le rayon visuel et servant à démontrer la rotondité de la terre. . . . . » 75

6° Une petite brochure donnant, sous une forme familière, toutes les notions usuelles sur les révolutions de la Terre, du Soleil, etc., et enseignant la manière d'employer les accessoires. . . . » 75

GLOBES TERRESTRES (*Suite*)

NOTA. — *Le nickelage des demi-méridiens et des cercles méridiens se paye* 20 °/₀
en sus du prix indiqué pour Paris.

NUMÉROS	CIRCONFÉRENCES	Montés sur pied bois PRIX À Paris.	En province rendu franco.	Inclinés sur l'écliptique pied bois. PRIX À Paris.	En province rendu franco.	Inclinés sur l'écliptique pied fonte bronze. PRIX À Paris.	En province rendu franco.	Demi-méridien cuivre pied bois. PRIX À Paris.	En province rendu franco.	Cercle et méridien cuivre. PRIX À Paris.	En province rendu franco.
Sphère terrestre, dressée par M. E. LEVASSEUR.											
1	1 60	52 »	64 »	56 »	68 »	57 »	72 »	72 »	84 »	142 »	157 »
Sphères terrestres, dressées par M. Ch. PÉRIGOT, et dessinées par M. MOUREAUX.											
0	» 40	5 »	6 25	6 50	7 75	7 50	9 »	9 »	10 50	12 50	15 »
1	» 50	6 50	8 50	7 50	9 50	8 50	11 »	10 »	12 50	18 »	22 »
2	» 80	10 »	13 50	12 »	15 50	14 »	18 »	18 »	22 »	30 »	35 »
3	1 »	15 »	20 »	16 50	24 50	18 »	23 »	24 »	29 »	40 »	47 »
Sphères terrestres dressées par MM. Ch. LAROCHETTE, dessinateur au Dépôt de la guerre. et L. BONNEFONT, professeur au Lycée Fontanes.											
1	» 60	10 50	13 »	12 50	15 »	13 »	16 50	18 »	20 50	34 »	38 »
2	» 90	15 »	19 50	17 »	21 50	19 »	24 »	25 »	29 »	46 »	53 »
3	1 20	31 »	39 »	34 »	42 »	36 »	46 »	46 »	54 »	86 »	96 »
4	1 60	52 »	64 »	56 »	68 »	57 »	72 »	72 »	84 »	142 »	157 »
Sphère terrestre avec les noms écrits en langue anglaise, et portant le méridien de Greenwich, dessinée par PARQUET.											
»	» 72	9 50	13 »	11 50	15 »	13 50	17 50	17 50	21 50	29 50	34 50
La même, avec les noms en français, portant le méridien de Greenwich en bleu et celui de Paris en noir.											
»	» 72	9 50	13 »	11 50	15 »	13 50	17 50	17 50	21 50	29 50	34 50
Sphères célestes, dressées par Ch. SIMON et dessinées par le capitaine BAGGE.											
1	» 80	10 »	13 50	12 »	15 50	14 »	18 »	18 »	22 »	30 »	35 »
2	1 »	15 »	20 »	16 50	21 50	18 »	23 »	24 »	29 »	40 »	47 »

Ces globes, édités avec un soin parfait, offrent des renseignements tout nouveaux :

POUR LES SPHÈRES TERRESTRES : 1° les *mers* et les *fleuves* sont en bleu ; 2° les *chaînes de montagnes*, en bistre ; 3° les *noms* en noir, ainsi que les *lignes de navigation* et les *câbles télégraphiques sous-marins* ; 4° les *courants marins* se détachent en blanc sur le fond bleu de la mer ; leur direction est indiquée par des flèches.

Le mode de division permet de déterminer, à première vue, l'heure sur tous les points du Globe

POUR LES SPHÈRES CÉLESTES : Elles facilitent l'étude du ciel étoilé par la netteté parfaite du dessin et par la précision des indications qu'ils fournissent. Les étoiles ressortent en blanc sur le fond du ciel teinté en bleu ; leurs divers ordres de grandeur sont indiqués par des signes faciles à reconnaître. Les figures réelles et les constellations sont nettement tracées ; quant aux figures de pure imagination, que l'on a cru devoir conserver par respect pour la tradition classique, on s'est contenté de les dessiner au trait, de manière qu'on puisse aisément en faire abstraction. Les noms des constellations et des étoiles, ainsi que les principaux cercles de la sphère, sont tracés en noir.

GLOBE TERRESTRE SCOLAIRE

Dressé par Ch. PÉRIGOT

À l'usage des écoles primaires, de 1 m. 33 c. de circonférence, imprimé en noir, bleu et bistre.

	A Paris.	Franco.
Prix : monté sur pied bois.	30 »	38 »
incliné sur l'écliptique.	33 »	41 »
— avec pied fonte bronzée.	35 »	45 »

DIFFÉRENTES MONTURES DE GLOBES

Ces montures s'appliquent indistinctement aux Globes terrestres, célestes et ardoisés.

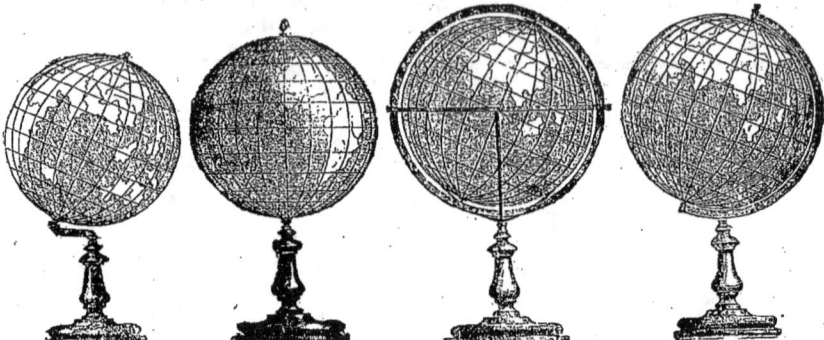

Globe incliné sur l'éclip-   Globe monté sur pied bois.   Globe avec cercle et méridien.   Globe avec demi-méridien.
tique, pied bois.

GLOBE TERRESTRE ÉLÉMENTAIRE

Dressé spécialement pour l'enseignement primaire.

Par MM. LAROCHETTE et BONNEFOND

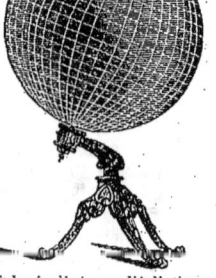

La circonférence de ce Globe est de 1 m. 60, c'est-à-dire la vingt-cinq millionième partie de la circonférence terrestre. Les noms de géographie physique et politique sont réduits au strict nécessaire, mais gravés en *gros caractères* comme sur les cartes murales, afin que les démonstrations soient faciles dans les classes spacieuses. Sa monture sur pied en fonte bronzée donne l'inclinaison sur le plan de l'écliptique.

Prix. 59 50
Rendu *franco* en province. . . . . Net 74 50
Le même Globe, sans pied, avec deux anneaux, pour
être suspendu. 54 50
Le même, incliné sur l'écliptique . . . . 59 »
Ce Globe a été adopté par le Ministre de la guerre pour toutes les écoles régimentaires.

Globe incliné sur l'écliptique,
pied fonte bronzée.

GLOBE MINIATURE DE 6 CENTIMÈTRES DE DIAMÈTRE

Monté sur pied bois, droit 1 50
Le même, incliné sur l'écliptique, pied
bois. . . . . 2 »
Le même, avec demi-méridien . . . . 3 »

Le même, avec pied marbre . . . . . . 3 »
Le même, incliné sur l'écliptique, pied
marbre 3 50
Le même, pied marbre, demi-méridien. 4 50

GLOBES ARDOISÉS

Globe ardoisé de 1 mètre de circonférence, incliné sur l'écliptique, avec des méridiens et des
parallèles tracés, pied droit. . . . . 20 »
Incliné sur l'écliptique, pied bronze. 22 50
Globe ardoisé de 1m 60 de circonférence, pied droit. . . . . 40 »
Le même, incliné, pied fonte. . . . . 45 »
Globe ardoisé de 2 mètres de circonférence, avec méridiens et parallèles tracés.
Monté sur pied. . . . . 100 »
Le même, pied fonte, incliné sur l'écliptique. . . . . 110 »
Le même, pied fonte, demi-méridien en fer forgé. . . . . 120 »
Globe ardoisé de 3 mètres de circonférence, avec des méridiens et des paral-
lèles tracés. Monté sur pied bois, droit. . . . . 200 »
Le même, avec demi-méridien en fer forgé. . . . . 250 »

COSMOGRAPHE MOBILE DE CH. HÉNARD

Breveté S. G. D. G. en France et à l'Étranger

Médaille d'or à l'Exposition de Paris 1879
Diplôme d'honneur à l'Exposition du Mans 1880

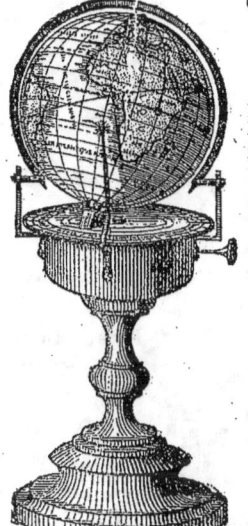

§ 1er. **Le Cosmographe** se compose : 1° d'une sphère dont l'axe est incliné de 23 degrés 28' comme l'axe terrestre, et mobile sur lui-même, de façon à produire, sous l'impulsion du doigt, le mouvement de *rotation*; 2° d'un calendrier qu'entraîne l'axe de la sphère mis en marche par le bouton : c'est le mouvement de *translation* annuelle de la terre autour du soleil, mouvement traduit sur place par la théorie des cônes ; 3° d'un disque vertical partageant la sphère en deux parties égales, à quelque date du calendrier qu'elle se trouve et destiné à circonscrire le champ d'illumination (partie éclairée par le soleil) et le champ d'ombre (la nuit) ; 4° et d'une aiguille fixe dont la partie supérieure, munie d'un petit soleil, figure le *rayon vecteur*, ligne idéale partant du centre du soleil et se dirigeant vers le centre de la terre ; cette aiguille se fixe par son extrémité inférieure, dans le support placé au-dessous du calendrier ; une vis de pression permet de l'y assujettir.

Le calendrier, entraîné par le mouvement de la sphère, nous fait connaître la position de la terre dans l'espace à chaque mois et à chaque jour de l'année, conséquemment les saisons, le champ d'illumination, le rapprochement vers le soleil des pôles Nord et Sud. C'est un acheminement vers l'étude de la cosmographie.

DIMENSIONS ET PRIX

| 1m de circonférence.. | 50 » | 0m72 de circonférence.. | 40 » |
| 0m80 — | 42 » | 0m60 — | 39 » |

(Voir le prospectus spécial.)

COSMOGRAPHE GIROD

Breveté en France et à l'étranger

Approuvé par M. le Ministre de l'Instruction publique

3 Médailles d'Argent aux Expositions de LIVERPOOL, 1886; LE HAVRE, 1887, BOULOGNE-SUR-MER, 1887

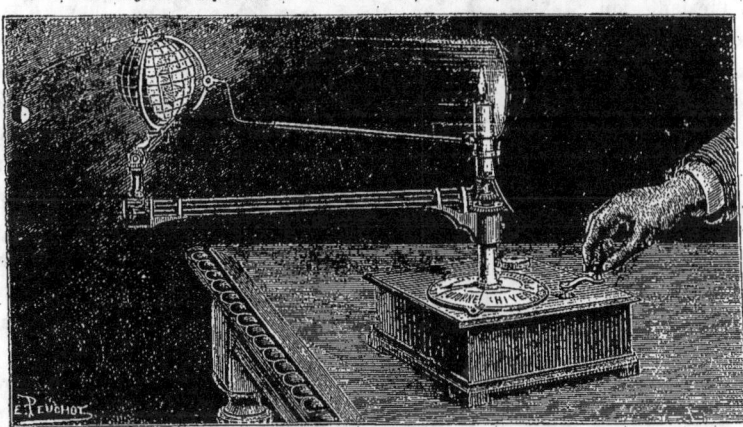

DÉMONSTRATIONS : Mouvements de rotation de la Terre sur elle-même, en 24 heures. — Mouvement de translation de la Terre autour du Soleil. — Succession du jour et de la nuit. — Inégalité des jours et des nuits. — Cause de l'inégalité des jours et des nuits. — Cercles polaires. — Tropiques. — Saisons. — Variation de la distance du Soleil à la Terre. — Périgée. — Apogée. — Obliquité de l'écliptique. — Zodiaque. — Différence entre le jour sidéral et le jour solaire vrai. — Année sidérale. — Année tropique. — Pourquoi, aux mêmes heures, ne voit-on pas les mêmes constellations ? — Crépuscule. — Variation de l'ascension droite et de la déclinaison du Soleil. — Trouver l'heure en un point quelconque de la Terre.

PHÉNOMÈNES LUNAIRES : Mouvement propre de la Lune. — Orbite elliptique et inclinée sur le plan de l'écliptique. — Nœuds. — Périgée. — Apogée. — Conjonction. — Opposition. — Quadratures. — Révolution sidérale. — Révolution synodique. — Cercle d'illumination. — Phases. — Lumière cendrée. — Rotation de la Lune. — Le jour et la nuit à la surface de la Lune. — Librations. — Eclipses de Lune. — Eclipses de Soleil.

Prix . . . . **120 »**

HÉMÉROMÈTRE

L'Héméromètre est destiné à faire connaître immédiatement les phénomènes causés par les deux mouvements apparents du soleil. Comme la figure ci-jointe l'indique suffisamment, on détermine instantanément pour une *latitude donnée* et un jour quelconque de l'année l'instant du lever et du coucher du soleil, ainsi que le commencement de l'aurore et la fin du crépuscule, soit en temps vrai, soit en temps moyen. L'auteur, M. Cantagrel, ancien chef d'institution à Montpellier, a mis a profit sa longue expérience dans l'enseignement pour créer un appareil très ingénieux qui dispense de calculs et de constructions graphiques pour résoudre les problèmes relatifs aux mouvements apparents du soleil. Cet appareil, qui a obtenu un diplôme d'honneur à l'Exposition scolaire de Montpellier (1885), et une médaille de bronze à l'Exposition universelle de 1889, a été vivement approuvé par le jury d'examen, qui l'a recommandé dans les termes suivants :

« Nous croyons que cet instrument construit économiquement sur une échelle convenable, devrait être fixé aux murs de nos écoles, et attirerait ainsi d'une manière permanente l'attention des élèves sur un sujet intéressant qui est généralement trop négligé. »

Prix de l'appareil avec la notice explicative... 27 fr. 50

SPHÈRES MOBILES POUR L'ÉTUDE DE LA COSMOGRAPHIE

MOUVEMENT APPARENT DES ASTRES
MOUVEMENT RÉEL, CONCORDANCE DES DEUX MOUVEMENTS

Par A. LETELLIER

Licencié ès sciences, professeur à l'École Colbert (breveté S. G. D. G.)

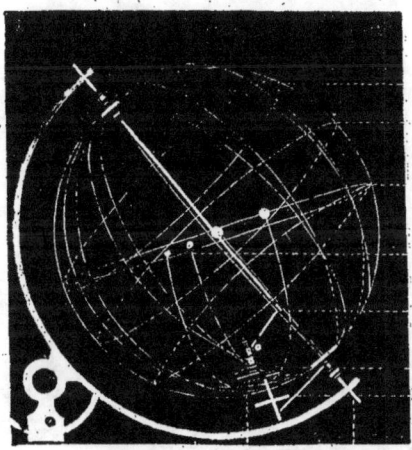

Donne à volonté le mouvement réel de la Terre et de Jupiter autour du Soleil, ou bien simultanément le mouvement du Soleil apparent sur l'écliptique et le mouvement réel de la Terre autour du Soleil.

« M. Letellier a bien voulu faire fonctionner devant nous sa sphère mobile, si ingénieuse, et nous prenons plaisir à reconnaître qu'elle simplifie dans une proportion très grande la démonstration des problèmes difficiles de la cosmographie. Elle mérite, ou plutôt elle exige qu'on lui ouvre les portes de tous les établissements d'enseignement. »

F. MOIGNO.

(Journal *Les Mondes*, 21 octobre 1876.)

Prix . . . . 120 fr.

HORLOGES

HORLOGE GÉOGRAPHIQUE UNIVERSELLE GRIGNON, BREVETÉ S. G. D. G.

Donnant instantanément l'heure des principales villes du monde et permettant de retrouver la position des villes sur le planisphère habilement dessiné au centre par M. Vuillemin.

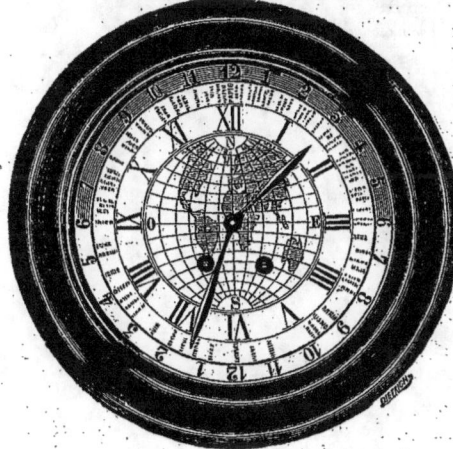

Cadre noir avec mouvement carré 0m090, cadran de 26 c., à sonnerie, la pièce . . . . 50 fr.

Cadre noir avec mouvement carré 0m110, cadran de 33 c., à sonnerie, la pièce . . . . 75 fr.

HORLOGE ORDINAIRES, CADRES BOIS NOIR OU CHÊNE

Cadran 26 c., mouvement carré, sans sonnerie 37 50

Le même, à sonnerie . . . 45 fr.

Cadran de 33 c., mouvement carré, sans sonnerie . . . . 50 fr.

Le même, à sonnerie . . . 57 fr.

Voir Catalogue fournitures de bureaux, pour les pendules géographiques et cosmographiques.

GYMNASTIQUE

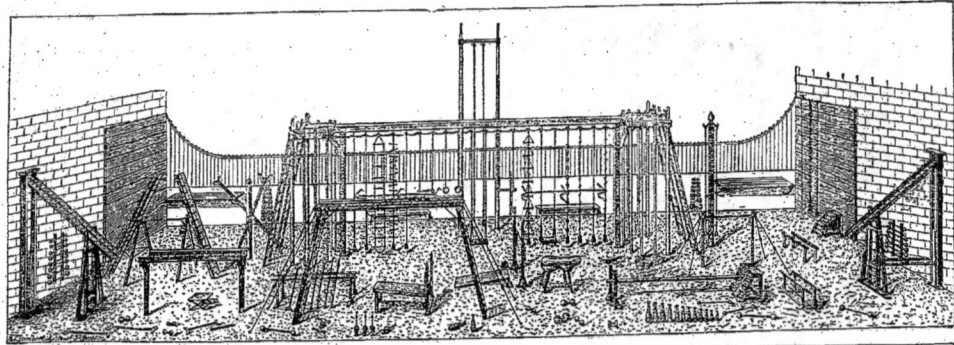

N°s	AGRÈS GYMNASTIQUES INDISPENSABLES	ENFANTS PORTIQUE 3m haut¹	ADULTES PORTIQUE 3m50 haut¹	HOMMES PORTIQUE 4m haut¹
1	Anneaux	4 50	6 25	8 50
2	Balançoire simple de collège	7 25	10 »	12 75
3	Corde à consoles	8 »	9 25	10 50
4	Corde lisse	5 25	6 50	8 »
5	Corde à nœuds nouds	5 75	7 75	10 »
6	Corde à perroquet	6 »	8 25	10 50
7	Echelle de corde	7 »	10 25	13 50
8	Trapèze	4 50	6 25	8 »
	Les huit pièces principales	46 25	63 50	81 75
	AGRÈS DIVERS			
9	Anneaux courts (pour rallonges)	4 »	5 25	6 50
10	Anneaux recouverts de peau	7 50	10 »	14 »
11	Anneaux courts recouverts (pour rallonges)	7 »	9 »	12 »
12	Balançoire demi-garnie	9 50	14 50	19 50
13	Balançoire garnie	14 »	19 »	24 »
14	Balançoire simple (le siège pour rallonges)	6 50	8 50	10 50

N°s	AGRÈS GYMNASTIQUES INDISPENSABLES	ENFANTS PORTIQUE 6m haut¹	ADULTES PORTIQUE 3m50 haut¹	HOMMES PORTIQUE 4m haut¹
15	Balançoire gondole avec corde et ferrure p¹ la traverse	80 »	90 »	100 »
16	Corde à nœuds tressés	7 »	11 »	15 »
17	Corde de passage	5 25	6 50	8 »
18	Crochet à vis (pour suspendre les agrès)	» 60	» 90	1 20
19	Crochet à écrou	1 25	1 25	1 50
20	Crochet à écrou et embase	1 75	2 »	2 »
21	Crochet-Piton (pour mât)	1 »	1 »	1 »
22	Echelle de Bois-Rosé	10 »	12 50	15 »
23	Echelle avec échelons en corde	10 »	15 »	21 »
24	Mât vertical fixe ou mobile gros	7 »	8 »	9 »
25	Mât petit	6 »	7 »	8 »
26	Perche oscillante	5 »	5 50	6 »
27	Rallonges pour anneaux courts, siège de balançoire et trapèze court	3 30	5 »	6 50
		4 »	5 »	6 »
28	Trapèze court (pour rallonges)	12 50	15 »	17 50
29	Trapèze ferré avec armatures en bronze nickelé	6 »	8 »	10 »
30	Trapèze ferré ordinaire			

Nos	APPAREILS GYMNASTIQUES MOBILES	ENFANTS 3me GRANDEUR	ADULTES 2me GRANDEUR	HOMMES 1re GRANDEUR
31	Arc-Boutant	3 »	3 50	4 »
32	Barre à sphères en bois	1 »	1 50	2 »
33	Barre à sphères en fer . . . . . . le kilo	» 55	» 50	» 45
33b	Barre à sphères fer creux, nickelée	8 »	9 »	10 »
34	— à lancer les fer. . . . . . le kilo.	» 50	» 50	» 50
35	Barres parallèles ordinaires	» »	36 »	50 »
36	Barres parallèles avec arcs boutants	» »	42 50	52 50
36	Barres parallèles avec équerres et arcs-boutants	42 50	50 »	60 »
37	Barres parallèles, cirées ou vernies	47 50	55 »	65 »
38	Barres parallèles de fond	» »	82 50	87 50
40	Bois de lutte	1 75	2 »	2 25
41	Canne pour servir de barre à sphères	» 45	» 45	» 45
42	Cheval de bois à hauteur fixe, nu	65 »	80 »	100 »
43	Cheval de bois, hauteur fixe, recouvert de peau.	90 »	125 »	150 »
46	Chevalet de natation	5 50	6 50	7 50
47	Corde de traction	15 »	22 50	32 50
48	Cordeau à sauter, muni de sacs	5 »	5 50	6 »
49	Échelle dorsale ou orthopédique	22 50	27 50	32 50
50	Échelle dorsale, vernie en noir	30 »	40 »	50 »
52	Échelle dorsale cintrée	47 50	55 »	70 »
53	Échelle gymnastique ordinaire	22 50	25 »	27 50
55	Échelle inclinée à gorges, munie de crochets.	35 »	45 »	55 »
56	Haltères fonte, tige de fer de 1 à 5 kilos la paire, ... le kilo.	» 50	» »	» »
	De 6 à 11 kilos la paire. . . . le kilo.	» »	» 45	» »
	De 12 kilos la paire et au-dessus. . . le kilo.	» »	» »	» 40
58	Haltères, têtes plates en fonte . . . . le kilo.	» 50	» »	» »
59	Haltères en bois . . . . la paire.	1 50	2 »	2 50
60	Massues ordinaires . . . . la paire.	3 »	4 »	5 »
61	Massues vernies . . . . la paire.	3 50	5 »	6 50
65	Perche amorcienne . . . . le mètre.	10 »	12 50	15 »
66	Perche à sauter	» 60	» 80	1 »
67	Planche à souplesse	45 »	50 »	2 »
68	Poteaux de sautoir . . . . la paire.	15 »	22 50	30 »
69	Poutre horizontale petite (tréteaux non gradués).	100 »	110 »	120 »

Nos	MACHINES GYMNASTIQUES FIXES — BOIS ET FER	ENFANTS 3me GRANDEUR	ADULTES 2me GRANDEUR	HOMMES 1re GRANDEUR
73	Tirage à force progressive	90 »	100 »	125 »
74	Tremplin dur.	20 »	22 50	25 «
75	Tremplin souple avec tréteaux	35 »	45 »	55 »
		27 50	30 »	37 50
77	Barre fixe en frêne (tige acier intérieure). . . .	90 »	105 »	120 »
78	Barre fixe complète avec patins à scellements. .	» »	» »	» »
79	Barre fixe complète mobile, montants fer creux, haubans en câble fer, tendeurs cuivre, piquets. .	120 »	140 »	160 »
		60 »	70 »	80 »
80	Barre à suspension et potences fer.	100 »	115 »	125 »
81	Barre à suspension, potences fer, banc chêne . .	» »	» »	300 »
83	Barres parallèles graduées ou mobiles. . .	35 »	40 »	45 »
85	Échelle horizontale seule, à gorges. . . .	125 »	140 »	150 »
86	Échelle horizontale et ses poteaux . . .	» »	70 »	90 »
91	Plate-forme à rétablissements	50 »	60 »	70 »
93a	Estrade de voltige, sapin.	65 »	80 »	90 »
93b	Estrade de voltige chêne.	10 »	12 »	14 »
94	Trapèze ferré ordinaire pour voltige. . .	20 »	22 50	25 »
95	Trapèze ferré pour voltiges avec armatures en bronze nickelé, et cordes de tibis . . .	110 »	115 »	125 »
96	Vindas ou pas-de-géant, le mat.	25 »	30 »	35 »
96b	— — la ferrure.	12 50	17 50	22 50
96c	— — les cordages simples . .	» »	» »	» »
96e	— — les cordages avec poignées.	25 »	35 »	45 »

Nos	PORTIQUES	HAUTEUR 3 mètres Hors terre	HAUTEUR 3m 50 Hors terre	HAUTEUR 4 mètres Hors terre
97	Portique ordinaire . . . . Net	140 »	190 »	240 »
		200 »	250 »	300 »
98	Portique à plates-formes. . . . . . —	» »	150 »	175 »
99	Portique mobile à sapin (déposé). . . . —			

ESCRIME

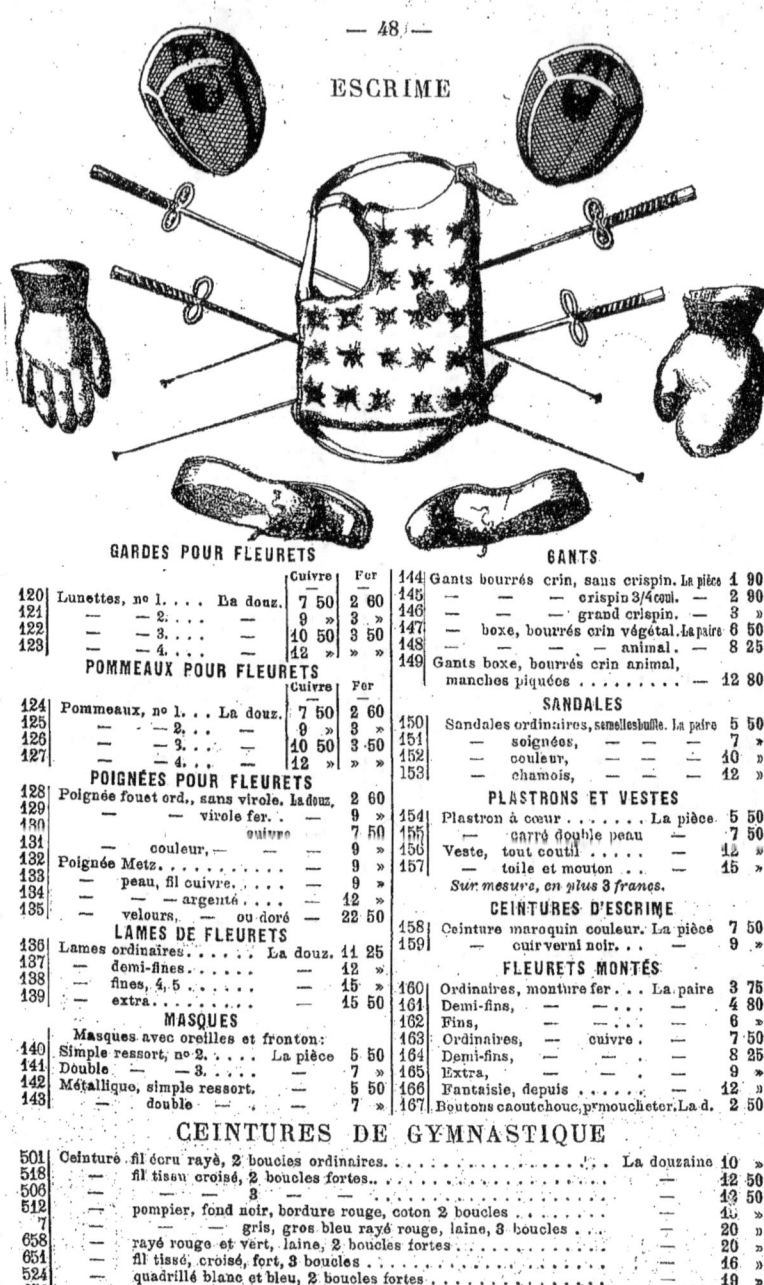

GARDES POUR FLEURETS

		Cuivre	Fer
120	Lunettes, n° 1. . . . Ba douz.	7 50	2 60
121	— 2. . . —	9 »	3 »
122	— 3. . . —	10 50	3 50
123	— 4. . . —	12 »	» »

POMMEAUX POUR FLEURETS

		Cuivre	Fer
124	Pommeaux, n° 1. . . La douz.	7 50	2 60
125	— 2. . . —	9 »	3 »
126	— 3. . . —	10 50	3 50
127	— 4. . . —	12 »	» »

POIGNÉES POUR FLEURETS

128	Poignée fouet ord., sans virole. La douz.	2 60
129	— virole fer. . —	9 »
130	— cuivre	7 50
131	— couleur, —	9 »
132	Poignée Metz. . . . . . . —	9 »
133	— peau, fil cuivre. . . . —	9 »
134	— — argenté. . . —	12 »
135	— velours, — ou doré	22 50

LAMES DE FLEURETS

136	Lames ordinaires. . . . . . La douz.	11 25
137	— demi-fines. . . . . . —	12 »
138	— fines, 4, 5. . . . . . —	15 »
139	— extra. . . . . . —	15 50

MASQUES

Masques avec oreilles et fronton:

140	Simple ressort, n° 2. . . . . La pièce	5 50
141	Double — 3. . . —	7 »
142	Métallique, simple ressort. —	5 50
143	— double — —	7 »

GANTS

144	Gants bourrés crin, sans crispin. La pièce	1 90
145	— — — crispin 3/4 coul. —	2 90
146	— — — grand crispin. —	3 »
147	— boxe, bourrés crin végétal. La paire	6 50
148	— — — animal. —	8 25
149	Gants boxe, bourrés crin animal, manches piquées . . . . —	12 80

SANDALES

150	Sandales ordinaires, semelles buffle. La paire	5 50
151	— soignées, — —	7 »
152	— couleur, — —	10 »
153	— chamois, — —	12 »

PLASTRONS ET VESTES

154	Plastron à cœur . . . . La pièce	5 50
155	— carré double peau —	7 50
156	Veste, tout coutil . . . . —	12 »
157	— toile et mouton . . —	15 »

Sur mesure, en plus 3 francs.

CEINTURES D'ESCRIME

158	Ceinture maroquin couleur. La pièce	7 50
159	— cuir verni noir. . . —	9 »

FLEURETS MONTÉS

160	Ordinaires, monture fer . . . La paire	3 75
161	Demi-fins, — —	4 80
162	Fins, — — . . . —	6 »
163	Ordinaires, — cuivre —	7 50
164	Demi-fins, — —	8 25
165	Extra, — —	9 »
166	Fantaisie, depuis . . . . . . —	12 »
167	Boutons caoutchouc, p' moucheter. La d.	2 50

CEINTURES DE GYMNASTIQUE

501	Ceinture fil écru rayé, 2 boucles ordinaires. . . . . La douzaine	10 »
518	— fil tissu croisé, 2 boucles fortes. . . . . —	12 50
506	— — 3 — . . . . —	13 50
512	— pompier, fond noir, bordure rouge, coton 2 boucles . . . . —	15 »
7	— — gris, gros bleu rayé rouge, laine, 3 boucles . . . —	20 »
658	— rayé rouge et vert, laine, 2 boucles fortes . . . . —	20 »
651	— fil tissé, croisé, fort, 3 boucles . . . . —	16 »
524	— quadrillé blanc et bleu, 2 boucles fortes . . . . —	19 »
654	— fond blanc, 3 raies rouges ou bleues, premier choix, 2 boucles. —	30 »

JEUX DE JARDIN
JEUX DE CROQUET

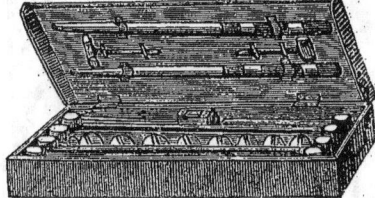

Jeu de Croquet en boîte.

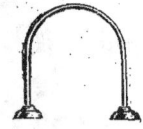

Patin en plomb
indispensable pour jouer
sur un sol dur

				2e Choix	1er Choix	Extra fins filets
1	Croquet bois dur verni, longueur 0m75		Pièce. —	11 25	12 75	17 25
2	— — — 0m80 marteau et foret...	—	13 50	15 75	19 75
3	— — — 0m85	—	15 75	18 75	23 25
4	— — — 0m90 arche à double sonnte.	—	19 50	22 50	27 »
5	— — — 0m95 —	—	22 50	25 50	30 »
6	— — — 1m00 —	—	25 50	28 50	33 »

JEUX DE CROQUET BUIS

		la Pièce			la Pièce
14	Croquet buis verni fin, long. 0m90	48 »	14 bis	Croquet buis ver. ext.-fin à fil., long. 0m90	55 50
15	— — — 0m95	55 50	15 bis	— — — — 0m95	63 »
16	— — — 1m00	63 »	16 bis	— — — — 1m00	70 »

ACCESSOIRES PRIS SÉPARÉMENT

PORTE-CROQUETS DE JARDIN

		la Pièce
1	Porte-croquets vernis pour jeux, 1-2	7 50
2	— — — 3-4	9 »
3	— — — 5-6	10 50

ARCEAUX DE CROQUETS

		la Pièce
1	Garniture de 10 arceaux simples pour jeux n° 1	2 25
2	— 10 — 2-3	3 40
3	9 arceaux et 1 double sonnette pour jeux, 4-5-6...	6 »

PATINS EN PLOMB

Ces patins sont indispensables pour jouer sur un sol dur, dans un appartement ou dans une cour bitumée ou pavée.

1 | Garniture de patins pour jeux, 1-2-3 Pièce 10 50 || 2 | Garniture de patins pour jeux, 4-5-6 Pièce 11 25

MAILLETS (Le jeu de 8)

Nos	2e choix	1er choix	1er choix à filets	Buis	Buis à filets
1	6 »	7 50	9 »	15 »	18 »
2	7 50	9 »	10 50	18 »	21 »
3	9 »	10 50	12 »	21 »	24 »
4	10 50	12 »	13 50	24 »	27 »
5	12 »	13 50	15 »	27 »	30 »
6	13 50	15 »	18 »	30 »	36 »

BOULES (Le jeu de 8)

Nos	2e choix	1er choix	1er choix à filets	Buis	Buis à filets
1	3 »	3 75	5 25	9 »	12 »
2	3 75	4 50	6 »	10 50	13 50
3	4 50	5 25	6 75	12 »	15 »
4	5 25	6 »	7 50	15 »	18 »
5	6 »	7 50	9 »	18 »	21 »
6	7 50	9 »	10 50	21 »	24 »

JEUX DE TONNEAU

Les jeux de tonneau sont toujours accompagnés de 8 palets.

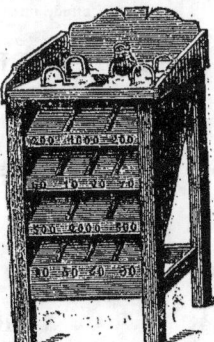

		10 trous	14 trous	20 trous
1	Tonneau bois blanc, pieds et traverses bois dur poli............	12 75	17 25	22 50
2	Tonneau tout hêtre ciré...........	15 75	21 »	26 25
2bis	— — poli......	15 »	19 75	24 75
3	— hêtre dessus chêne ciré....	17 25	22 50	28 50
3bis	— — poli.....	16 50	21 50	27 »
4	— tout chêne ciré.........	20 »	27 »	34 50
4bis	— — poli...........	19 50	25 75	33 »

JEUX DE TONNEAU POUR ENFANTS

1	Tonneau bois blanc, 9 trous.............	la Pièce	5 75
1bis	— hêtre ciré, 9 trous................	—	7 25

JEUX

DE

LAWN-TENNIS

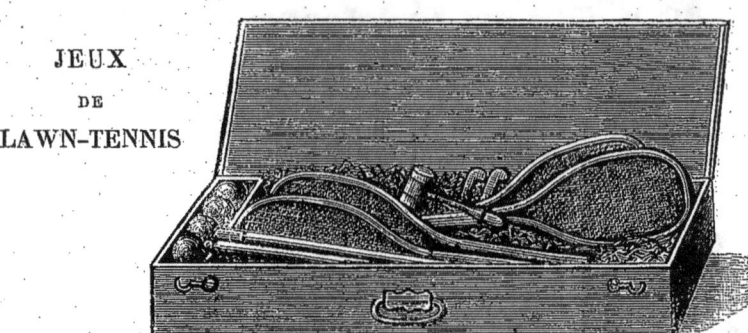

1	Jeu pour enfants : 2 raquettes ordinaires, 2 balles caoutchouc, 1 filet de 4m50 et accessoires.	18 75
2	— — — 4 — — 4 — — 1 — 6m50 —	27 »
3	— — fillettes : 4 — — 4 — — 1 — 6m50 —	33 »
4	— — adultes : 4 — 1/2 fortes, 4 balles recouvertes peau 1 filet de 6m50 —	42 »
5	— — — 4 — fortes 4 — — 1 — 6m50 —	54 »
6	— — grandes personnes : 4 raquettes fortes, grand modèle, 4 balles recouvertes feutre, filet tanné de 8 mètres et accessoires.	72 »
7	Jeu pour grandes personnes : 4 raquettes très fortes, grand modèle, 4 balles recouvertes feutre, filet tanné de 8 mètres et accessoires.	90 »
8	Jeu pour grandes personnes : riche, 4 raquettes très fortes, manches garnis liège, 8 balles supérieurs recouvertes de drap, filet tanné de 10 mètres et accessoires.	105 »
9	Le même avec 12 balles	120 »

RAQUETTES DE LAWN-TENNIS ET DE PAUME

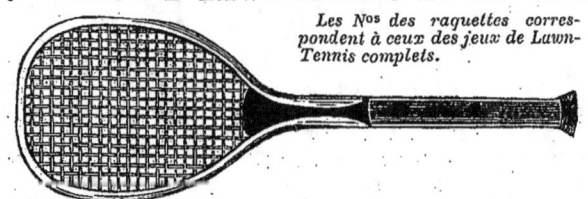

Les Nos des raquettes correspondent à ceux des jeux de Lawn-Tennis complets.

1-2	Raquettes ordinaires pour enfants. *la Pièce.*	2 65
3	— — — fillettes. . . . . —	3 40
4	— 1/2 fortes — adultes . . . . —	5 25
5	— fortes . . . . —	8 25
6	— — — grandes personnes. . . . . —	11 25
7	— très fortes — — . . . . —	13 50
8	— — — — manches garnis liège. . . . . . —	15 75
9	— supérieures fines pour grandes personnes. . . . . —	18 75

ENVELOPPES DE RAQUETTES

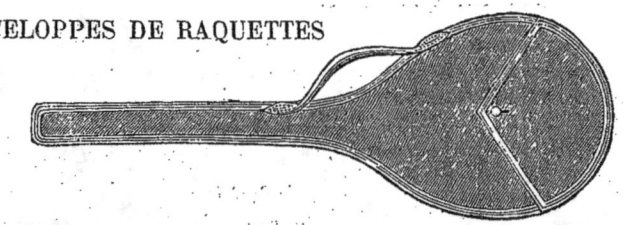

1	En flanelle sans poignée . . . . . *Pièce* 3 »	3	En tissu imp. gris avec poignée. . *Pièce* 6 »
2	En tissu impble nr et blc avec poignée. — 5 25	4	— — — très fort av. poignée. — 7 50

PRESSES POUR RAQUETTES

Ces presses sont nécessaires pour maintenir les raquettes très droites, elles sont à 4 vis formant croix.
La pièce. . . . . 4 »

FILETS DE LAWN-TENNIS

				Le filet seul.	Filet et accessoires
1	Filet coton blanc, longueur	4m50 pour jeux, Nos 1	.....	4 50	9 »
2	— — —	6m50 — — — 2-3-4	.....	6 »	10 50
3	— chanvre tanné —	6m50 — — — 5	.....	6 75	13 50
4	— — —	8m00 — — — 6-7	.....	8 25	15 75
5	— — —	10m00 — — — 8-9	.....	9 75	17 25

BALLES DE LAWN-TENNIS

1	Balles caoutchouc ordinaires pour jeux 1-2	la douzaine.	5 25
2	— — — x —	—	6 75
3	— — supérieures, recouvertes de peau, pour jeux, 4-5	—	11 25
4	— — — de feutre — — 6	—	13 50
5	— — — de drap — — 7-8	—	15 75
6	— fortes, recouvertes de drap, pour jeux 9 ...	—	18 »

BALLES DE PAUME

1	Balles de liège recouvertes de feutre, diamètre 60 m/m....	la douzaine.	18 »
2	— — — — — 65 —	—	22 50

JEUX DE LA THÈQUE

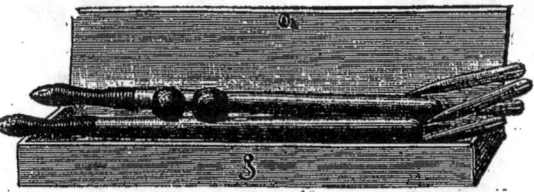

		La pièce avec boîte.	La pièce sans boîte.
1	Jeu composé de deux bâtons de 0m50, 4 piquets, 1 balle ordinaire	3 40	1 90
2	— — — — de 0m60, 4 — 2 balles caoutchouc ...	5 25	3 40

JEUX DE CRICKET

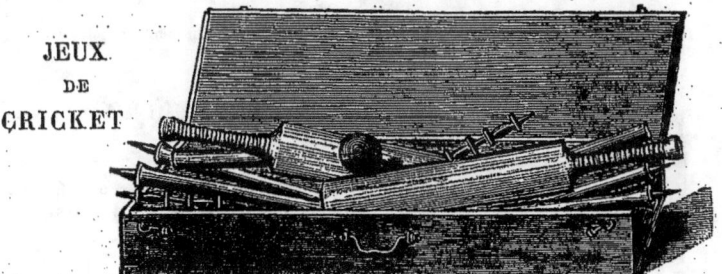

		La pièce
1	Jeu pour enfants : 2 balles ordinaires vernies, 2 buts, 1 balle recouverte de cuir et la boîte.	13 50
2	— — adultes : 2 — 1/2 fortes — 2 — 1 — — — — —	18 »
3	— — 2 — fortes — 2 — 1 — — — — —	24 »
4	— — hommes : 2 balles tr. fortes. vern., manches rotin, 2 buts, 1 balle rec. cuir et la boîte.	36 »
5	— — 2 — extra fortes, manches rotin, 2 buts, 1 balle — — —	48

BATTES DE CRICKET

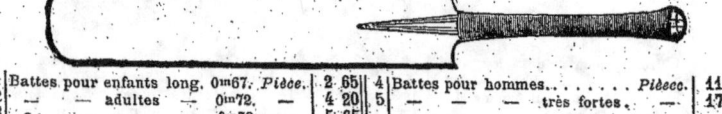

1	Battes pour enfants long. 0m67.	Pièce.	2 65	4	Battes pour hommes........	Pièce.	11 »
2	— — adultes — 0m72.		4 20	5	— — très fortes —		17 25
3	— — 2 — 0m78.		5 65				

BUTS DE CRICKET

La paire.

1	En bois verni pour jeux. Nᵒˢ 1	3	»
2	— — — 2	3	75
3	— — — 3	4	50
4	— — — 4	6	»
5	— — — 5	7	50

BALLES DE CRICKET

La pièce.

1	Balles recouv. cuir, pour jeux. Nᵒˢ 1-2	2	25
2	— — — 3-4.	3	75
3	— — — 5.	5	25

BALLONS DE PIEDS DITS FOOTBALLS
en cuir extra fort

Ballon sphérique

Ballon ovoïde ou Barrette

3	Ballon sphér. ou ov. 0m61 de circᶜᵉ. *Pièce.*	10	50
4	— — 0m66 —	12	»
5	Ballon sphér. ou ovoïde, 0m71. . *Pièce.*	14	25
6	— — — 0m76..	16	50

VESSIES EN CAOUTCHOUC POUR BALLONS

3	Vessies très fortes pour ball. Nᵒˢ 3. *douz.*	22	50
4	— — — 4.	31	50
5	Vessies très fortes pour ball. Nᵒˢ 5. *douz.*	40	»
6	— — — 6.	49	50

Toutes ces vessies étant fabriquées en caoutchouc pur sont réparables et par conséquent inusables, la réparation se fait au moyen de dissolution dont le flacon vaut 0 75

POMPES SPÉCIALES POUR GONFLER LES BALLONS

La pièce.

1	En caoutchouc, petit appareil de poche.	3	»
2	En cuivre — — —	6	»
3	En cuivre, pour famille et collège	8	25

JEUX DE GALLINE

Galline en orme verni, hauteur 0m40, la paire.	6	»
Disques en orme verni, diamètre 0m25, la paire.	6	»

JEUX DE LA CROSSE

La pièce.

1	Crosses pour enfants, long. 1m05	3	75
2	— adultes, — 1m25	6	40
3	— ordin. pour hommes, long. 1m35.	10	15
4	— fortes — — 1m95.	13	50
5	Crosses fortes, riches, pour hommes longueur 1m40, *la pièce*	19	50
	Balles spéciales en caoutch., *la douz.*	10	75
	Buts de 3 mètres de hauteur, *la paire.*	15	»

JEUX DE GOURET

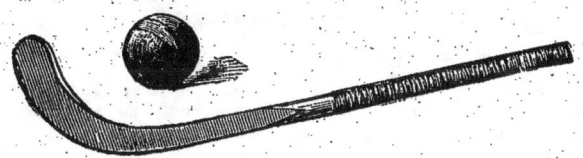

		La pièce.			La pièce.
1	Cannes de gouret, ordinaires, petites . .	0 60	6	Cannes de gouret, grosses, manche fic.,	1 90
2	— — grosses . .	0 75	7	— — frêne cintré, tr. fortes.	7 50
3	— — vernies petites .	0 90	1	Balles de gouret, recouv. de fic., petites.	1 50
4	— — — grosses . .	1 15	2	— — — grosses.	1 90
5	Cannes de gouret, vernies, petites, manche ficelle . .	1 50			

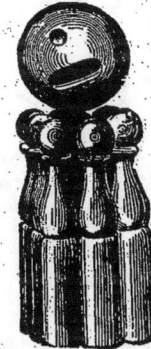

JEUX DE QUILLES

Hauteur...	0m20	0m25	0m30	0m35	0m40	0m45	0m50
Quilles, bois rustique poli, la pièce	1 90	3 »	5 25	7 50	11 25	15 »	19 50
Quilles, bois rustique, verni, la pièce . .	2 25	4 20	6 75	9 75	13 50	18 »	22 50
Quilles, bois jaune verni, la douzaine	10 50	15 »	21 »	30 »	45 »	72 »	»
Diamètre...	0 09	0 10	0 12	0 14	0 16	0 18	0 20

Boules de quilles en bois rustique (orme verni). La pièce. 0 75 0 90 1 20 1 90 2 70 3 75 5 25

JEUX DE BOULES

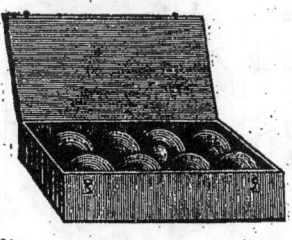

		Boîte de 8 boules.	Boîte de 12 boules.
1	Jeux pour hommes 0 10 de diamètre, orme poli. La pièce	7 50	11 25
2	Jeux pour hommes 0 10 de diamètre, orme ferré. La pièce	15 »	22 50
3	Jeux pour hommes 0 10 de diamètre, buis verni. La pièce	18 75	25 »
4	Jeux pour hommes 0 10 de diamètre, buis ferré. La pièce	30 »	45 »
5	Jeux pour hommes 0 10 de diamètre, gaïac. La pièce	27 »	40 »

6	Jeux pour enfants, 8 boules, hêtre verni de 0 06 de diamètre. La pièce		3 75
7	— — — — . — 0 07 — —		5 25
8	— — — —. buis verni — 0 06 — — —		7 50
9	— — — — — 0 07 — — —		10 50

ÉCHASSES

					La paire.	
1	Ordinaires à pédales fixes,		hauteur 1m,20		—	1 50
2	— — —		— 1m,40		—	1 90
3	— — —		— 1m,60		—	2 50
1	— brevetées pédales mobiles		— 1m,30		—	3 »
2	— — —		— 1m,60		—	3 75

Raquettes, volants, cerceaux, balles et ballons, jeux de salon, etc.
Voir notre Catalogue de Fournitures de bureaux.

LIT DE CAMP A PIEDS PLIANTS

POUR ÉCOLES MATERNELLES (Déposé.)

Construit d'après les indications de Mlle Matrat, inspectrice générale des Écoles maternelles

Ce lit de camp, en fer et toile, ne tient que très peu de place, et peut s'accrocher au mur quand son usage n'est pas nécessaire; il répond à un véritable besoin comme commodité, propreté et solidité.

Prix . . . . **8 »**

Toile de rechange **2 75**

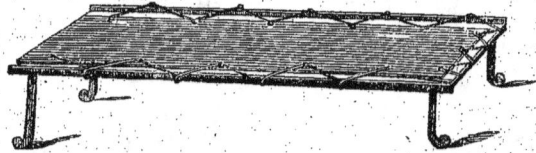

Longueur 1^m20. Largeur 0^m55. Hauteur au-dessus du sol : à la tête 0^m28, à la base 0^m12.

DÉMONSTRATEUR MÉTRIQUE

BREVETÉ S. G. D. G.

A l'usage des Écoles primaires, par M. PENNEQUIN, architecte à Lille.

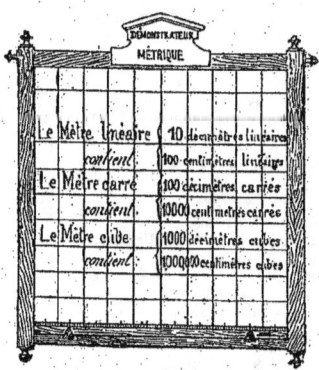 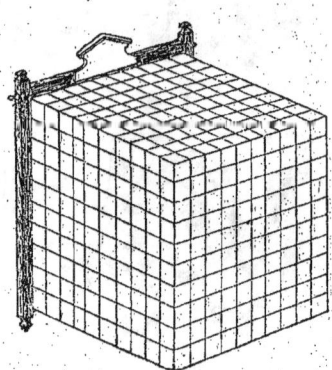

Cet objet, dont la construction a été combinée de façon à le rendre d'un usage pratique et peu encombrant, est indispensable, dans chaque école, pour bien démontrer aux jeunes élèves la division du mètre carré et du mètre cube en décimètres et centimètres; il se compose d'un cadre portatif que l'on accroche au mur, contenant des vantaux que l'on peut fermer et ouvrir à volonté et sur lesquels sont indiquées les divisions du mètre. Etant fermés, ces vantaux tiennent peu de place et la face vue présente un tableau indiquant les divisions du mètre linéaire, du mètre carré et du mètre cube; étant déployés, ces vantaux s'ajustent de façon à représenter un mètre cube avec ses divisions.

Prix . . . . **35 fr.**

OUTILLAGE SPÉCIAL AUX TRAVAUX MANUELS DANS LES ÉCOLES

MENUISERIE

A — Établis et Outillage servant en même temps à deux élèves

1 Établi double, 1m50 × 0m45 (2 presses, 2 valets, 2 griffes, 2 tiroirs) . . . . »	»	46 »
2 Paires affûtages charme, contrefer sans vis . . . . . 13 »	26 »	
2 Rabots charme 0m042, contrefer sans vis. 3 90	7 80	
2 Guillaumes charme 0m022, un de fil, un rebours. . . 2 40	4 80	
2 Maillets ordinaires orme ou frêne . . . . » 70	1 40	
2 Marteaux menuisier 0m032 emmanchés. . . . . . . 2 »	4 »	
1 Scie à araser charme 0m50	2 80	
1 — à tenons — 0m75	5 »	
1 — à refendre— 0m75	6 75	
1 —à chantourner— 0m60	3 70	
1 Outil à moulures (assorti entre les établis)	4 80	
1 Bouvet charme languette fer 0m014 à 0m018	5 »	
1 Paire tenailles 0m22	2 »	
1 Chasse-clous.	» 40	
1 Vilebrequin renforcé non verni . .	1 »	
1 Série de 6 mèches assorties 0m002 à 0m010	2 10	
1 Fraise à bois de 0m012 à 0m015 . .	1 10	
1 Tourne-à-gauche simple à 8 encoches	» 75	
1 Tournevis 2 fins moyen emmanché	» 90	
2 Vrilles façon Styrie manche fer 0m035 à 0m005 . . . . . » 35	» 70	
1 Equerre droite cormier, lame bois 0m25.	1 »	
1 Equerre d'onglet cormier lame bois 0m25	1 75	
1 Equerre fausse cormier, lame bois 0m025	1 60	
1 Compas droit 1/2 fin 0m19	1 30	
1 Rapporteur cuivre 0m05 de rayon.	» 35	
1 Trousquin charme ordinaire à pointe	1 10	
1 Mètre buis 5 branches	» 85	
1 Ciseau menuisier 0m015 emmanché	1 10	
1 — 0m027.	1 30	
1 Bédane tout acier 0m006	1 15	
1 — 0m010.	1 50	

A REPORTER . . . . 140 »

REPORT. 140 00		
1 Gouge courte 1/4 creuse 0m010 emmanchée	1 15	
1 Gouge courte 1/4 creuse 0m018 emmanchée.	1 40	
1 Lime plate à main, bâtarde 0m22 emmanchée	1 40	
1 Lime demi-ronde, bâtarde 0m22 emmanchée.	1 40	
1 Lime 3/4 pour scie, 1 taille 0m12 emmanchée	» 70	
2 Râpes plates à main. M. et F Pre 0m22 emmanchée . . . 1 35	2 70	
2 Râpes demi-rondes, M et F Pre 0m22 . . . . . 1 15	2 30	

TOTAL 151 05

B — Outillage commun pour 10 établis au moins

1 Hachette à main n° 2	5 20	
1 Plane.	4 20	
1 Meule 0m50, monture fonte pédale et manivelle	55 50	
1 Pierre du Levant 2 kil.	18 20	
1 Jeu de pierre à morfiler, 4 pour gouges, 1 pour ciseaux. . . .	9 10	
1 Pot à colle à bain-marie, cuivre rouge, 0m10.	8 »	
2 Presses à coller, charme vis bois 0m175	2 55	
2 Serre-joints, charme vis bois 1m 3 50	7 »	
2 Etaux de modeleur bois avec presses. . . . . . 12 »	24 »	
1 Mâchoire à ressort pour affûter les scies	5 60	
2 Racloirs droits 0m125. . . . . » 65	1 30	
2 — creux 0m25. . . . . » 65	1 30	
2 Affiloirs 3/4 emmanchés. . . . » 80	1 60	
1 Compas charme pointe et crayon 0m70.	8 40	
1 Equerre droite à écharpé cormier 0m70.	4 40	
1 Règle de 1m, divisée en centimètres	2 10	
1 — 0m50 — millimètres	1 40	
1 Boîte à recaler charme trois coupes	17 50	
1 Niveau triangulaire 0m50 avec plomb.	4 20	
1 Jeu de chiffres pour bois, à froid.	8 40	

TOTAL 189 90

AJUSTAGE

C — Etau et son outillage

1 Etau tournant boîte filetée 25 à 27 kil	42 »	
1 Paire mordages plomb	2 10	
1 — cuivre	1 75	
1 Marteau rivoir 0m027 acier emmanché	2 45	

A REPORTER. 48 20

REPORT. 48 20		
1 Marteau rivoir 0m036 acier emmanché.	3 15	
1 Pointeau acier à pans	1 25	
1 Pointe à tracer double.	» 70	
1 Burin moyen	1 40	
1 — fort.	1 75	
1 Bédane moyen	1 40	
1 — fort	1 75	

A REPORTER. 59 60

AJUSTAGE (Suite)

REPORT....	59	60
1 Mètre cuivre, 10 branches.	»	65
1 Compas droit fin 0m22....	1	55
1 Lime plate des 28/4, emmanchée.	1	35
1 — à main Bât 0m25, emmanchée.	1	80
1 Lime plate à main demi-douce 0m22, emmanchée.	1	65
1 Lime demi-ronde Bât 0m25, emmanché.	1	70
1 Lime demi-ronde des 2 8/4...	1	40
1 Lime demi-ronde demi-douce 0m22.	1	50
TOTAL....	71	20

D — Outillage commun pour 6 étaux

1 Règle acier de 0m40......	7	35
1 Equerre simple, acier de 0m15	4	10
1 — à chapeau acier de 0m15.	4	60
1 Fausse équerre acier 0m16...	7	30
1 Marbre raboté et rodé.	21	»
1 Trousquin à patin, douille bronze.	9	35
1 Archet complet boîte, 12 forets et conscience.	7	»
1 Pied à coulisse, douille bronze, à vernier 0m25.	9	80
1 Equerre simple, acier de 0m20.	5	70
1 — à chapeau acier de 0m20.	6	65
1 Fausse équerre, fer de 0m24.	7	35
1 Compas d'épaisseur, demi-fin, 0m16.	7	50
1 Compas d'épaisseur, 1/4 de cercle, 0m25.	1	75
1 Cisaille à main moyenne....	6	30
1 Clé à molette n° 2.	14	»
1 Etau à main 0m13.	5	20
1 Pince plate polie 0m16.	1	70
1 — ronde — 0m16.	1	70
1 Scie à métaux façon Paris 0m27, montée avec lames de rechange.	12	60
1 Jeu de chiffres pour métaux.	7	»
TOTAL....	147	95

E — Forge et son outillage

1 Forge portative double vent, diamètre du piston 0m25, avec pieds fer, foyer tôle et hotte.	168	»
1 Enclume 70 à 75 kil., qualité garantie avec billot.	119	»
4 Paires tenailles de forge assorties de forme.	9	80
1 Chasse à parer moyenne emmanchée.	7	60
1 Chasse carrée moyenne emmanché.	5	60
1 Poinçon rond moyen emmanché.	4	90
1 Dégorgeoir moyen emmanché.	4	90
2 Tranches moyennes emmanchées....... 5 20	10	40
A REPORTER....	330	20

REPORT....	330	20
2 Marteaux à devant 4 kil. 500 emmanchés........ 12	24	»
2 Marteaux à main 1 kil. 500 emmanchés........ 5	10	»
1 Tranchet d'enclume.......	2	70
Palette, goupillon, tisonnier.	6	65
1 Forerie à colonne avec vilebrequin, 6 forets, poids 18 à 20 kil.	70	»
1 Bigorne de 15 kil. environ montée sur billot........	35	»
TOTAL....	478	55

F.— Lorsque 2 feux et 2 enclumes seront nécessaires, on construira la forge en maçonnerie et on ajoutera une petite enclume. Dans ce cas, on emploiera 2 soufflets en tôle à 2 corps, placés de chaque côté de la hotte centrale. La dépense peut alors être évaluée de.... **700 » à 840 »**

G — Tour à bois et son outillage

1 Tour à bidet composé de la poupée principale à butoir, du support à éventail et de la contrepointe à canon formant rappel, hauteur de centre 0m140 avec plateau toc, et mandrin queue de cochon. Ce tour est monté et ajusté sur un banc hêtre de 1m40 muni d'un volant avec monture à l'anglaise 0m70 avec 12 outils emmanchés.......... **240 »**

H — Tour à métaux

1 Tour à engrenages 0m125 hauteur du centre, marchant au pied, monté sur banc en fonte rompu de 1m25 de longueur, composé comme suit : une poupée fixe à engrenages avec ses 2 plateaux, une contrepointe à canon, une lunette fixe, un volant avec monture à l'anglaise, une pédale fonte, un jeu de clés et un support à main, 2 planes, 2 crochets, 2 grains d'orge. **390 »**

H — Tour parallèle à métaux

1 Tour parallèle pour fileter et charioter, longueur du banc 1m35, hauteur de centre 0m15, marchant au pied ou au moteur, avec lunette à coussinets, série d'engrenages, clés et boulons, 6 outils planes, crochets grains d'orge, 6 outils assortis pour le support à chariot. **655 »**

Pièces brutes de forge pouvant être données aux élèves comme travaux à exécuter

Clés anglaises de 0m22......	4	»
Etaux à agrafes de 1 kil. 75, boîtes et vis brutes.	7	»
Etaux à main renforcés 0m435.	1	60
Tocs n° 50 renforcés, tête ronde 0m04.	2	90
Tenailles à chanfrein 0m135....	3	40

Boîtes d'outils pour bois et pour fer, mesures à coulisse et instruments de précision à donner comme prix aux élèves

(Nous envoyons tous les renseignements sur demande)

MATÉRIEL POUR LES COURS DE COUPE ET D'ASSEMBLAGE

Méthode de coupe et d'assemblage de Mme Schéfer, insp. gén. des écoles de la Ville de Paris. **1 25**

Travaux normaux et économie domestique à l'usage des jeunes filles, par M\mes G. Schéfer et S. Amis, directrices d'école communale à Paris, in-12, fig., cart. . . . . **2 »**

Pédagogie des travaux à l'aiguille à l'usage des écoles de filles, par Mme P.-W. Cocheris, membre des Commissions d'organisation et d'examen de la coupe et de l'assemblage. . . . . . . **3 »**

Ardoises factices nues, 25 × 40. . le cent. **40 »**

Ardoises factices nues, 25 × 40, quadrillées un côté, aux centimètres, le cent . . . . . . **45 »**

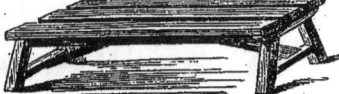

Armoire modèle de la Ville de Paris, hêtre et sapin, hauteur 1m99, largeur 1m, profondeur 0m50 **120 »**

10 — Banc à lames chêne fort, 2m de long, 0m22 de large, 0m46 de haut. . . . . **30 »**

12 — Boîte à ouvrage en chêne, fermant à serrure. . . . . **19 »**

BUSTES MANNEQUINS

Le n° que porte chaque buste est la moitié de la grosseur totale prise sous les bras.

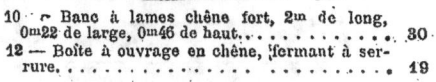

	Petits	Moyens	Gros	
Bustes femmes.	38 40 42	44 46	48 50	18 50
— jupe longue.	38 40 42	44 46	48 50	22 »
Bustes femmes, jupe longue, droite mobile	38 40 42	44 46	48 50	27 50
Bustes fillettes, 23, un an ; 24, 2 ans ; 25, 3 ans ; 26, 4 ans.				12 50
Bustes fillettes, 27 et 28, 5 et 6 ans.				14 »
— — 30 et 31, 7 et 8 ans.				15 »
— — 32, 34, 36, 9 à 14 ans.				17 »
— — jupe longue : 2 fr. 75 en sus.				
— poupée modèle, jupe longue.				12 »
Bustes garçons (25, 26, 27, 14 50) (28, 29, 16 ») (30, 31, 18 ») (32, 34, 36.				19 »
Chevalet hêtre à crémaillère et chevilles, 2m de haut				19 »
Ciseaux de 21 centim. de long. . . . la paire.				2 75
Crayons mine de plomb, qualité supérieure, bois verni . . . . la douz.				1 40
Double décimètre, façon buis . . . . . . la douz.				1 10
Equerres fortes, 0m60 de long. . . . . . la pièce.				1 40

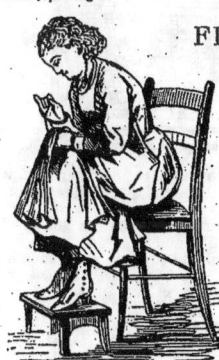

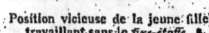

Buste jupe longue.

Buste jupe courte.

FIXE-ÉTOFFE (Déposé)
De Mme P.-W. COCHERIS

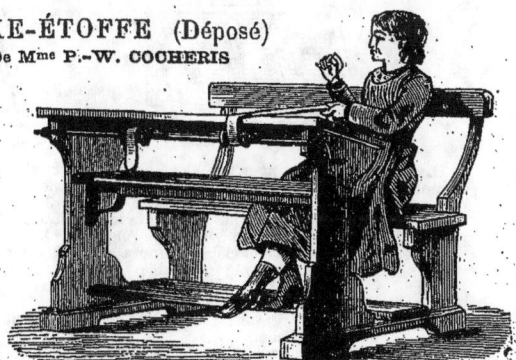

Position vicieuse de la jeune fille travaillant sans le fixe-étoffe.

Jeune fille travaillant avec le fixe-étoffe adapté au banc.

L'auteur a cherché à remédier aux graves inconvénients que présente pour les jeunes filles l'étude de la couture. Partout les élèves attachent l'étoffe sur leur genou et sont obligées, pour voir leurs points, de se courber outre mesure. Cette position anormale est cause de douleurs d'estomac et souvent même d'une déviation de la taille.

Grâce au fixe-étoffe, qui se place derrière le pupitre, chaque élève peut, au moment de la leçon de couture, dérouler sa courroie et y fixer son travail, sans avoir besoin de se baisser.

Il serait aussi d'une utilité incontestable dans les ouvroirs et les ateliers de couture.

Fixe-étoffe seul. — Prix : 8 fr.

MATÉRIEL POUR LES COURS DE COUPE ET D'ASSEMBLAGE (Suite)

MACHINE A COUDRE : LA VÉRITABLE « NEW-MACHINE »

Type américain.

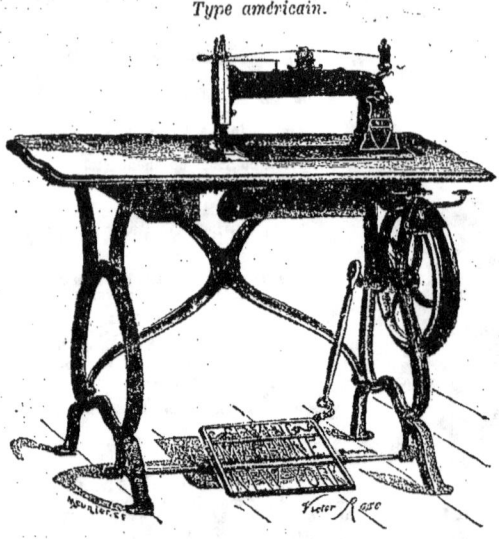

Complète de tous ses Guides et Accessoires, et garantie sur facture : 187 fr.

La réputation de ces diverses machines d'après le système HOWE est faite aujourd'hui sans conteste : nous nous contenterons d'indiquer ici très sommairement le numéro convenant pour les divers travaux.

La "NEW-MACHINE" (celle ci-dessus), la plus coquette, la plus élégante, la plus légère de toutes, convient pour lingerie, et toutes confections légères.

MÉTIER MODÈLE DE Mme P.-W. COCHERIS

CADRE A RÉSEAU TENDU (40 sur 26)

Prix . . . . 5 fr.

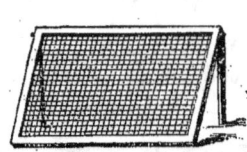

Métier modèle.

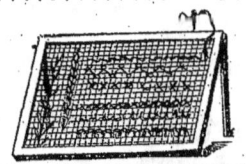

Métier modèle préparé par la maîtresse.

La grande difficulté pour une élève en couture, c'est de comprendre comment se fait un point. Cette opération, invisible lorsque l'institutrice travaille sur la toile, se démontrerait plus aisément sur le canevas, si ce tissu était plus large.

Grâce au métier modèle qui représente le réseau tendu, dont les mailles ont un centimètre carré, l'élève suit sans fatigue le jeu de l'aiguille et la disposition du fil.

L'emploi de ce métier modèle éloignera les ennuis que cause la couture aux débutantes.

22. Mesure de 1m50. Toile incassable	Pièce . . .	» 35
23. — — cirée ordinaire, bouts ferrés	—	» 15
24. Mètre plat, bois ordinaire	—	1 20
25. Mine d'ardoise Fræbel. La boîte de centimes et un porte-mine . . .		1 »
— Porte-mine Fræbel	Le cent .	5 »
26. Papier phormium 0m65 + 50 (pour patrons)	La main de 1 kilo .	» 90
— Papier phormium 0m65 + 0m50 pour patrons, quadrillé aux c/m. La main . . .		1 25
27. Règle plate poirier, 0m60 de long, biseau divisé en millimètres . . .	Pièce . .	» 60
28. Roulette pour tracer les patrons		» 95
29. Table de couture (modèle de la Ville de Paris), avec tréteaux se pliant	—	40 »
30. Tabouret en merisier blanc canné	—	6 50
31. Tableau noir ardoisé (trois couches), 2 côtés, 0m90 + 1m20	—	18 75

MATÉRIEL POUR LES COURS DE COUPE ET D'ASSEMBLAGE (Suite)

TABLEAU SYNOPTIQUE DES TRAVAUX A L'AIGUILLE

A L'USAGE DES ÉCOLES DE FILLES, OUVROIRS, ASILES

Par Madame P.-W. COCHERIS

Ancienne élève de l'école supérieure de la Ville de Paris, membre des Commissions d'organisation
et d'examen de l'enseignement de la coupe et de l'assemblage.

Une feuille (1,25 sur 0,95), tirée en typoplastie 7 50
— collée sur toile, montée sur gorge et rouleau . . . . 15 »

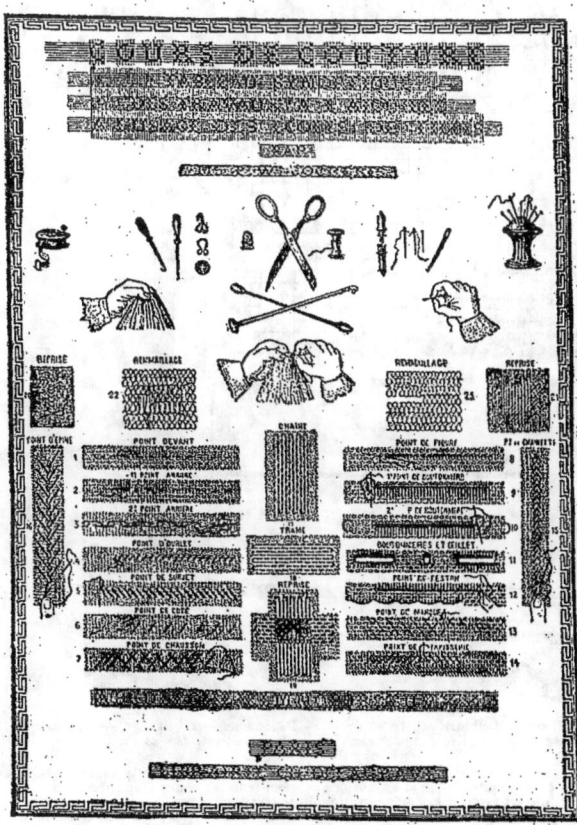

L'auteur de ce tableau, préoccupé à juste titre de l'état languissant de l'enseignement de la couture dans les écoles primaires, a cherché à faciliter la démonstration de cette branche de l'éducation féminine en reproduisant, au moyen de la chromolithographie, un canevas entre les brins duquel passe un fil rouge attaché à une aiguille.

De cette façon, l'élève peut compter le nombre de fils que son aiguille doit passer, soit en dessous, soit en dessus, soit en avant, soit en arrière, pour exécuter le point qu'elle étudie.

Il suffit de voir ce tableau, qui ne compte pas moins de vingt-deux exercices, pour comprendre son utilité. On pourra dorénavant se familiariser promptement avec la couture et diminuer les difficultés de cet enseignement.

D'un aspect agréable, très finement exécuté, nous croyons qu'il est appelé à orner à peu de frais nos écoles de filles, où il rendra de réels services.

MÉTHODE PAILLOT ET CHARBONNIER (BREVETÉE)

Exercices pour l'enseignement de la couture, en 30 cahiers de tissus, divisés en 6 cours.

Chaque cahier contenant de 21 à 27 leçons . . . . » 30
Les cinq cahiers, composant chacun des 6 cours, dans un carton 1 50
La collection des trente cahiers, dans un carton . . . . 9 »

COMPENDIUM DES TRAVAUX MANUELS ET SCOLAIRES

Médaille de bronze à l'Exposition universelle de 1889

(La notice explicative est envoyée sur demande.)

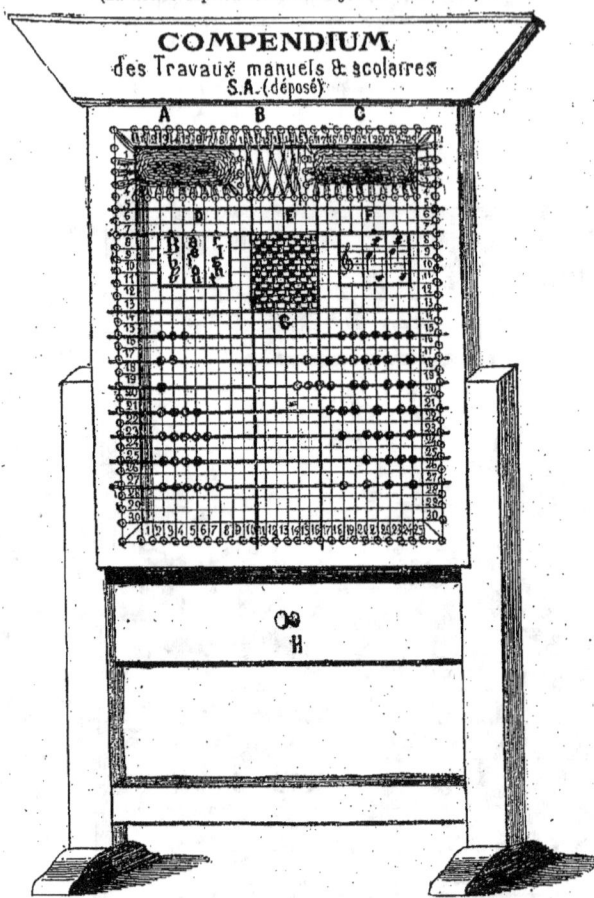

A, tricot en rond. — B, tricot double. — C, tricot droit. — D, lecteur. — E, tissage, — F, musique.
G, boulier compteur. — H, tiroir renfermant les boules, les barrettes et les tringles.

Le Compendium des travaux manuels et scolaires a, par ses combinaisons multiples et variées, sa place marquée dans les écoles maternelles et enfantines et dans tous les cours élémentaires.

Le Compendium du professeur sert à la démonstration de toutes les leçons.

Le Compendium de l'élève est simple, maniable, et facilement portatif; il peut tout aussi bien se placer dans la gibecière du petit garçon que dans le carton de la petite fille. Il sert à reproduire en classe, la leçon du Professeur, et permet également à l'enfant, lorsqu'il est de retour à la maison paternelle, de continuer seul un travail expliqué ou commencé à l'école.

Composition du Compendium. — 1° Le Compendium est un cadre dont le contour intérieur est marqué au centimètre carré, ce qui donne aux enfants, pour tous leurs travaux, l'idée de la mesure exacte, tout aussi facile à retenir qu'une mesure fictive.

2° Des pitons, distancés également d'un centimètre, sont destinés à recevoir des tringles mobiles (ces pitons ne présentent aucun danger pour l'enfant, ce qui est notre but principal.)

3° Des tringles mobiles se placent horizontalement, verticalement ou obliquement, selon qu'il est nécessaire.

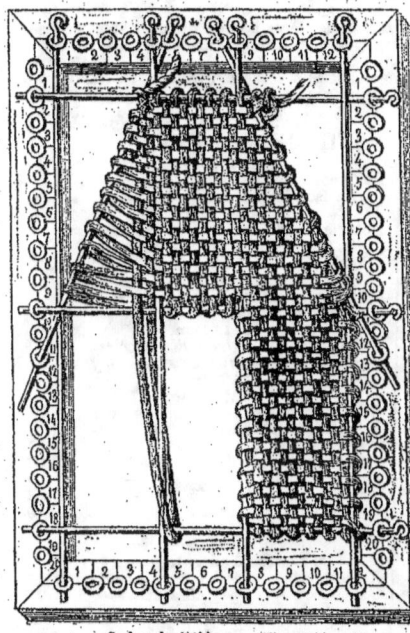

Cadre de l'élève. — Tissage.

4° Une barrette mobile pourvue de pitons, glisse dans la rainure intérieure du cadre et permet de diminuer celui-ci, autant qu'il est besoin.

5° Une ardoise mobile quadrillée au double centimètre pour le professeur, afin de faciliter aux enfants éloignés la vue de la démonstration, est quadrillée au centimètre pour l'élève.

6° Des boules de 3 couleurs au nombre de 30 par couleur se placent dans les tringles pour l'exercice du boulier compteur.

7° Un tiroir placé au bas du cadre sert à renfermer : les tringles et les barettes mobiles des élèves, la craie, les ciseaux, etc.

8° Les tringles du Compendium du professeur se placent en haut et derrière le cadre, lorsqu'on n'a plus besoin de s'en servir.

Le petit Compendium supprime les crochets et les aiguilles à tricoter, outils si souvent dangereux entre les mains des jeunes enfants.

Le petit Compendium sert de métier à tisser, à broder, à tricoter, à tapisser, à rempailler et à canner. L'enfant peut exécuter une foule d'ouvrages utiles (ce qui est pour lui une grande satisfaction), des franges, des nœuds, des balles, des pantoufles tissées et brodées, des bérets, des chaussons de bébé, tous les tricots en bandes, matelassés ou ronds, la broderie de guipure sur filet le macramé et la passementerie, etc.

Compendium du professeur.. Prix. 30 »
— de l'élève..... 3 50

MATÉRIEL SPÉCIAL DE Mme PAPE-CARPANTIER
ÉDUCATION DES SENS

Notice sur l'Éducation des sens et quelques instruments pédagogiques, brochure. in-12.. » 30

INSTRUMENTS PÉDAGOGIQRES

Porte-couleurs mobiles permettant de séparer les couleurs, de les mêler pour les faire ensuite reconnaître par les enfants ; nommer et replacer dans l'ordre physique, et composer à volonté le blanc, l'orange et le violet ; et pour servir aux leçons de choses et exercices sur le sens de la vue.
N° 1, modèle à col de cygne................................... 20 »
N° 2, modèle à mouvement libre............................... 10 »
Polyphone. Collection de jouets en matières sonores, classés suivant leur mode de vibration ; — pour servir de leçons de choses sur les sons, sur les instruments et aux exercices sur le sens de l'ouïe. Prix... 50 »

DÉMONSTRATIONS ARITHMÉTIQUES ET MÉTRIQUES

Composition et analyse d'un mètre carré au moyen de décimètres carrés joints par nombres variés de 2 à 10. Prix.................................... 20 »
Compteur décimétrique. Construction et analyse du décimètre cube par addition et construction de nombres variés de 1 à 200. Exercice de l'œil et de la main conduisant à connaître les longueurs au décimètres. Prix................................ 48 »
Contrôleur métrique horizontal pour exercer l'œil et la main à déterminer les longueurs au juger. Prix.. 18 »
Contrôleur métrique vertical pour exercer l'œil et la main à déterminer les hauteurs au juger. Prix.. 12 »

EXÉCUTION DES TRACÉS GÉOMÉTRIQUES
GÉNÉRATEUR MÉCANIQUE DES FORMES PLANES

Montrant par quel point les différentes figures géométriques se ressemblent, par quel point elles diffèrent et comment elles se transforment.
Polygonaire, permettant aux enfants qui ne savent pas encore se servir des instruments ordinaires d'exécuter tous les triangles, quadrilatères, polygones, jusqu'au décagone, en montrant le rapport de ces figures avec le cercle. Prix......................... 7 »
Polygonaire, petit modèle, permettant d'exécuter les mêmes figures jusqu'à l'octogone seulement et pas de cercle. Prix.. 3 »

PROGRESSIONS DES FORMES SOLIDES A TRAVERS LES TROIS RÈGNES DE LA NATURE
(SECTIONS CONIQUES ET GRANDES COURBES)

Vérificateur géométrique vertical, pour exercer les élèves à tracer au juger des angles d'une ouverture donnée, des lignes, des polygones, et pour faire généralement tous les dessins à main levée. Prix . . . . 42 »

Vérificateur à cadre tournant, mêmes usages que le précédent. Prix . . . . . . 30 »

Vérificateur géométrique horizontal, mêmes usages que les précédents, mais sans pied, et se posant à plat sur la table d'études. Prix . . . . 15 »

MATÉRIEL POUR LA METHODE FRŒBEL

1er Don.
Balles assorties aux 6 couleurs.
La boîte, contenant les 6 balles et les accessoires 1 80

2e Don.
Les trois solides (cube, cylindre sphère).
La boîte contenant les 3 solides . . . 1 30

3e Don.
Les cubes.
La boîte de 8 cubes . . . . » 50

4e Don.
Les prismes.
La boîte contenant 8 prismes (ou briques) . . . . » 50

5e Don.
Sections du cube par une et deux diagonales.
La boîte contenant les cubes et leurs sections . . . . 1 »

6e Don.
Sections des prismes par les médianes.
La boîte contenant les différentes sections 1 10

7e Don.
Planchettes coloriées.
Boîte contenant 8 carrés de 3 couleurs assorties . . . . » 40

8e Don.
Boîte contenant 16 *triangles* rectangles isocèles assortis de couleurs . » 50

9e Don.
Boîte contenant 15 *triangles rectangles non isocèles* assortis de couleurs . . . . » 50

10e Don.
Boîte contenant 16 *triangles équilatéraux* assortis de couleurs . . . . » 50

11e Don.
Boîte contenant 16 *triangles isocèles obtusangles* assortis de couleurs . » 50

12e Don.
Bâtonnets.
Boîte contenant 150 bâtonnets en bois fin, ronds, assortis de 5,10 et 20 centimètres . . . . » 50
Bâtonnets en vrac 0m 05 . Le cent . » 10
— — 0m 10 — » 20
— — 0m 15 — » 25
— — 0m 20 — » 30
— — 0m 25 — » 35

13e Don.
Lattes d'entrelacement.
Lattes en bois d'érable . Le cent 2 10
Aiguilles — — 18 cent. — 2 75

JEUX INTUITIFS COMPLÉMENTAIRES

Construction aux bâtonnets.
Boîte de 100 bâtonnets ronds de 20 cent.
25 tubes cuivre forme L
25 — T
25 — Triangle
26 — Croix
20 boule os
5 drapeaux
4 feuilles dessins modèles.
La boîte 4 20

Jeu des anneaux.
Boîte de 70 anneaux 1er étamé petits ;
10 — grands ;
15 1/2 — petits ;
15 — grands ;
30 1/4 — petits ;
30 — grands ;
3 planches de dessins modèles.
La boîte 2 60

Pliage et découpage.
Boîte contenant :
1 paquet papier glacés de couleurs assorties carrés ;
1 paquet papiers glacés de couleurs hexagones ;
1 crayon à dessin ;
1 plioir, 1 réglette, 2 patrons.
8 feuilles de dessins.
La boîte 4 70

Piquage.
Enveloppe contenant :
8 planches dessins, 4 modèles ;
du papier feutre, 1 piquoir ;
laine couleurs assorties ;
1 carton pointillé.
L'enveloppe 1 40

Tissage et tressage.
Enveloppe contenant :
des chaînes papiers couleurs assorties de 3 largeurs ;
des trames couleurs assorties de 3 largeurs ;
1 aiguille acier ;
4 planches de dessins assortis.
L'enveloppe 1 40

Broderie.
Boîte contenant du canevas, des modèles ébauchés avec laine, des modèles en canevas carton, des dessins assortis, aiguilles à tricoter, etc.
La boîte 4 50

Vannerie.
Boîte contenant des chaînes et trames en papiers de couleurs assorties, des trames en paille nattée, des boules os percées, des bâtonnets, des modèles en carton, 4 feuilles de dessins coloriés.
La boîte . . . . 6 »

Mosaïque. Composition de lettres et de chiffres.
Boîte contenant un assortiment de cartons de couleurs diverses et découpés en formes différentes, spécialement pour les lettres et chiffres et 4 planches de dessins modèles coloriés.
La boîte 2 70

Mosaïque. Composition de dessins.
Boîte contenant un assortiment de cartons, de couleurs assorties, découpés en carrés, rectangles, losanges, triangles, etc., avec 4 planc. de dessins modèles color.
La boîte 3 60

Jeu de composition.
Boîte contenant une planche compositeur en bois à rainures, un assortiment de lattes de différentes longueurs et 3 planches de dessins.
La boîte . . . . 5 »

Boîte de zoologie (jeu de coloris.)
Boîte contenant : 25 animaux en relief (carton repoussé et découpé), 5 arbres, 30 pinces supports cuivre (pour dresser les sujets et les planches modèles coloriées.
La boîte . . . . 3 »

POÊLE VENTILATEUR

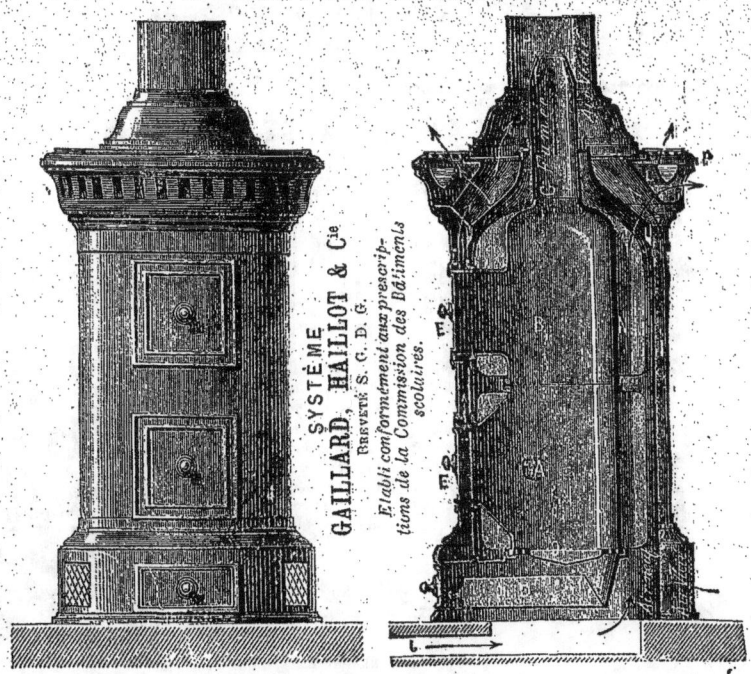

SYSTÈME
GAILLARD, HAILLOT & Cie
BREVETÉ S. G. D. G.
Établi conformément aux prescriptions de la Commission des Bâtiments scolaires.

(Voir Prospectus spécial)

Ces poêles sont expédiés, dans une cage en bois dont nous comptons la location 9 francs, et qui doit nous être retournée *franco* dès réception.

TARIF DES POÊLES VENTILATEURS

NUMÉROS	1	2	3	4	5	6
CUBE CHAUFFÉ	90m3	125m3	175m3	225m3	275m3	350m3
DIAMÈTRE EXTÉRIEUR	» 39	» 39	» 50	» 50	» 585	» 585
HAUTEUR	» 95	1 025	1 10	1 175	1 250	1 325
PRIX	156 »	171 »	231 »	262 »	319 »	363 »

PORTE-CRAYON FRŒBEL

Le crayon d'ardoise ordinaire, entre autres inconvénients, fausse, dès que l'enfant commence à dessiner ou à écrire, la position des doigts et de la main ; il en résulte de la fatigue, une mauvaise tenue qu'on a beaucoup de peine à corriger plus tard. Le **Porte-crayon Frœbel** a l'avantage d'habituer dès l'abord l'enfant à une tenue correcte ; il a la forme du porte-plume, et la plume est remplacée par un crayon de mine préparé spécialement pour écrire sur l'ardoise ou sur la toile ardoisée.

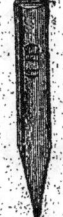

PRIX :

La boîte contenant 100 mines grises et un porte-crayon . . . . 1 fr. »
La boîte contenant 100 mines assorties de cinq couleurs (vert, rouge,
  bleu, bistre, jaune) 1 25
La boîte contenant 100 porte-crayons (sans les mines). . . . . 5 »

PUPITRE A MUSIQUE

EN HÊTRE ET BOIS-BLANC

1 Face. . . . . 10 » | 2 Faces. 12 60
A crémaillère en plus des prix ci-dessus. . . . . 6 »

TABLEAUX DE LECTURE

(Voir le Catalogue Livre de fonds.)

TABLEAUX BOIS, PREMIÈRE FORCE

Ardoisés d'un côté seulement					Ardoisés des deux côtés				
1492.	60 c.	sur 0m80 c.	6 75		1492bis.	60 c.	sur 0m80 c.	8 25
	75	— 1m00	10 20			75	— 1m00	12 50
	90	— 1m20	14 »			90	— 1m20	18 75
	1 mètre	— 1m30	17 »			1 mètre	— 1m30	21 50
	1 mètre	— 1m50	20 »			1 mètre	— 1m50	24 75
	1m20	— 1m50	24 »			1m20	— 1m50	30 »

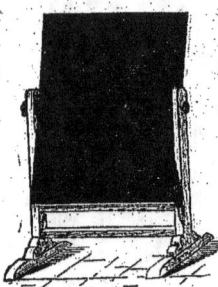

Tableau ardoisé deux faces, 0m90 sur 1m20, monté sur pivots. . . . . . . 45 »
Tableau géométrique ardoisé deux faces, 1m05 sur 1m05, quadrillé en bleu et rouge sur une face, aux décimètres, demi-décimètres, et avec millimètres pointés.
Prix. . . . . 30 »
La réglure des autres tableaux se compte à raison de 12 centimes par ligne le mètre courant.

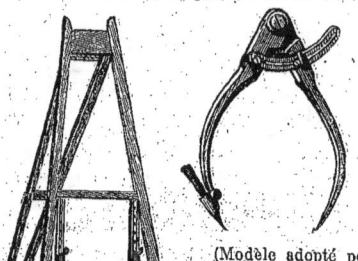

TABLEAU GEOMETRIQUE

POUR LES AUTRES DIMENSIONS SUR COMMANDE

Le prix du mètre superficiel ardoisé d'un côté est de. 13 50
— ardoisé des deux côtés. 16 50

TABLEAUX EN TOILE ARDOISÉE

Toile ardoisée 1 côté, non montée. . . . . Le mètre superficiel. . . . . 8 »
— 2 — . . . . — . . . . . 10 »
Montage sur gorge et rouleau . . . . En plus 3 5

ACCESSOIRES

POUR

TABLEAUX NOIRS

1493. Chevalet sapin à chevilles. 6 25

1494. Chevalet hêtre à crémaillère. 9 40

1494 bis. Chevalet hêtre grand modèle, hauteur 2 mètres, crémaillère et chevilles. Prix. . . . . . . 19 »

1494 ter. Chevalet chêne ciré, modèle de la Ville de Paris, tringles, support à chainettes fer. . . . 43 75

Chevalet, modèle de la Ville de Paris.

1495. Compas sphérique en fer forgé pour dessiner sur les sphères ardoisées et sur les tableaux.

(Modèle adopté pour les lycées et collèges). . . . . . La pièce 7 75

1495 bis. Compas en bois, avec porte-crayon pour craie 0m10. 1 20

1495 ter. Le même, 0m50. 1 50

ACCESSOIRES POUR TABLEAUX NOIRS (Suite)

1496. Craie 8 centimètres. La boîte. » **45** | 1496. Craie 10 centimètres. La boîte. » **80**
— 9 — — » **75** |

CRAYONS DE CRAIE ROBERT

Ces nouveaux crayons ont l'avantage : 1° de n'être ni salissants, ni cassants; 2° de ne pas rayer l'ardoise ni le bois; 3° de s'obtenir de toutes couleurs; 4° de s'user moitié moins que la craie ordinaire; 5° d'être excessivement légers, ce qui fait une économie importante pour le transport.

Prix en blanc. . . . *Le mille* **9** » | Prix en couleurs. . . . *Le mille* **15** »
Les couleurs sont les suivantes : rouge, vert, jaune, bleu, noir, brun et violet, d'autres couleurs se font sur demande.

	La pièce.		*La pièce.*
1497. Eponge	» **40**	1502. Rapporteur en bois jaune, divisé	
1498. Equerre à jour de 60 centimètres,		à poignée, avec fil à plomb. . .	**2 50**
divisée	**1 50**	1504. Règle de 1 mètre, divisée, à	
1500. Niveau de maçon rectangulaire.	**2** »	bouton	**1 40**
1501. Rapporteur en bois à biseau . .	**1 75**	1505. Té divisé à bouton, 60 cent. . . .	**1 40**

TABLEAUX DU SYSTÈME MÉTRIQUE

Tableau du système légal des poids et mesures, dressé sous la direction de M. HENRI
  MARSOULAN, 4 feuilles (h. 1 m. 70, l. 2 m.), impression typoplastique en couleur **8** »
  — *Le même*, collé sur toile, monté sur gorge et rouleau. . . . . **18** »
Tableau des poids et mesures, par M. A. MAGIN, beau tableau de 1 m. 70 sur
  1 m. 30, collé sur toile, avec gorge et rouleau, et verni. **15 50**
Petit tableau des poids et mesures, par *le même*, 1 feuille format grand-monde,
  collée sur toile, vernie, montée sur gorge et rouleau. **7 50**
Tableau (Nouveau) du système métrique, représentant de vraie grandeur toutes
  les mesures, par M. LINARÈS, ancien inspecteur de l'instruction primaire (1 m. 85
  sur 1 m. 35), colorié . . . . **10** »
  — *Le même*, sur toile, avec gorge et rouleau, verni. . . . . **20** »
  — *Édition populaire* (1 m. 20 sur 1 m. 35), collé sur toile, verni, gorge et rouleau **10** »
Petit tableau des poids et mesures métriques, grandeur naturelle, par PLU-
  SIEURS INSTITUTEURS, 1 feuille coloriée. . . . . **2** »
  — *Le même*, monté sur gorge et rouleau. . . . . **5** »
Grand tableau, par *les mêmes*, 4 feuilles coloriées. . . . . **4** »
  — *Le même*, monté sur toile, gorge et rouleau . . . . **10** »
(Voir détail au Catalogue de fonds.)

TABLEAUX D'HISTOIRE DE FRANCE

Tableaux d'histoire de France, d'après nos premiers artistes, et avec des compositions
  nouvelles, par MM. PERRODIN, BARRON et MASSIAS, 24 sujets, format petit carré : 0 m. 50
  sur 0 m. 40.
Prix de la collection en noir **7 50**
  — — coloriée, avec le plus grand soin . . . . **25** »
Les 24 feuilles, collées sur toile, vernies, montées sur gorge et rouleau, formant
  un grand tableau, se payent en sus . . . . **18** »
  — collées sur 24 cartons, se payent en sus . . . . **18** »
  — montées sur onglets, en deux cahiers de chacun 12 sujets, se payent en sus. **1 50**
(Voir désignation des sujets au Catalogue des livres de fonds.)
Tableau-image d'histoire de France, réduction des précédents, 24 sujets de
  0 m. 22 sur 0 m. 16, formant un tableau de 1 m. 20 sur 0 m. 90.
Prix en noir . . . . **2** » | Colorié . . . . **7** »
Le collage sur toile avec vernissage et montage sur gorge et rouleau se paye en sus. **5** »
Nos gloires nationales, grands hommes et grandes journées. Ouvrage reprodui-
  sant les 24 sujets ci-dessus, coloriés, avec un texte en regard et une couverture
  coloriée. In-4°, cart . . . . **3** »

TABLEAUX GÉOGRAPHIQUES

Dressés par M. Félix HÉMENT, inspecteur général de l'instruction publique; dessinés par M. CICERI

Premières notions de géographie, à l'usage des écoles maternelles ou salles d'asile et
  du cours élémentaire des écoles primaires.
Collection de 12 aquarelles, de 0 m. 50 sur 0 m. 40, destinées à faciliter la connaissance des
  cartes géographiques aux enfants qui abordent l'étude de la géographie. . . Prix. **15** »
Termes géographiques reproduisant les 12 tableaux avec des explications sommaires, petit
  in-4° oblong cart. . . . . **1** »
(Voir détail au Catalogue de fonds.)

TABLEAUX D'ENSEIGNEMENT ET DE DÉCORATION SCOLAIRE

Par ARMENGAUD

Ingénieur, ancien élève de l'École des Arts et Manufactures.

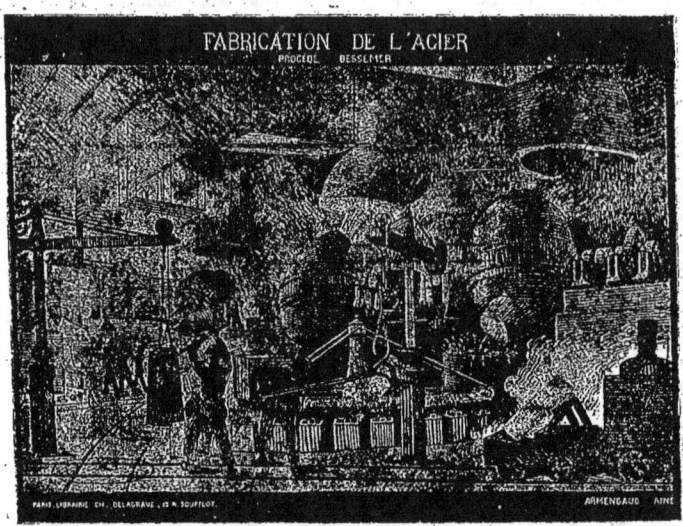

RÉDUCTION EN NOIR DE L'UN DES TABLEAUX D'ENSEIGNEMENT ET DE DÉCORATION SCOLAIRE.

Ces tableaux sont exécutés par les procédés *Papier peint*, c'est-à-dire à l'aide de couleurs vives d'une grande fixité de ton; les couleurs sont, en outre, rehaussées par l'emploi d'un fond noir qui leur laisse toute leur vigueur. Ainsi obtenus, ces tableaux sont perceptibles dans toute l'étendue d'une salle de grandes dimensions ou dans un vaste amphithéâtre.

Sont en vente:

1° **Habitation** (7 grands tableaux et 11 tableaux simples) : Grands tableaux. — *Construction de la maison.* — *Outils du maçon.* — *Outils du serrurier.* — *Outils du charpentier.* — *Outils du menuisier.* — *Débitage des bois.* — *Matériaux de construction.*

Tableaux simples. — *Les hauts fourneaux* (vue d'ensemble). — *La fonte* (coupe du haut fourneau). — *Soufflage d'un haut fourneau par l'air chaud.* — *Puddlage.* — *Marteau-pilon.* — *Cinglage.* — *Laminage.* — *Outils à percer.* — *Profils de fers marchands.* — *Fabrication de l'acier Bessemer* (usine). — *Fabrication de l'acier Bessemer* (vue d'ensemble des appareils).

2° **Agriculture et industries qui en découlent** : Grands tableaux. — *Vendange.* — *Vinification.* — *Le blé ou froment.*

3° **Histoire naturelle** : Grand tableau. — *Squelette humain.*

Chaque grand tableau, 4 fr. ; chaque tableau simple, 2 fr.

Leçons de choses sur les tableaux d'enseignement et de décoration scolaire, par ARMENGAUD aîné. Notes et développements pour le Maire :

1° *L'habitation,* 1 vol. reproduisant, par des réductions en noir, les 18 tableaux qui concernent l'habitation, in-8° br. 2 50

2° *Le blé,* 1 fascicule in-8° 1 50

PLANCHES MURALES D'ANATOMIE ET DE PHYSIOLOGIE

par le Dr REGNARD et H. JOHNSON

1re Série : 5 tableaux mesurant chacun 1 m. 60 × 0 m. 70. Chaque tableau . . . . **8 »**
    Les mêmes, imprimés sur toile . . . . **12 »**
       1° *Corps ouvert, face antérieure ;* 2° *Couches profondes ;* 3° *Squelette ;* 4° *Écorché ;*
       5° *Grand schéma.*
2e Série : 10 tableaux mesurant chacun 0 m. 70 × 1 m. Chaque tableau . . . . **4 »**
    Les mêmes, imprimés sur toile . . . . **6 »**
       1° *Cerveau, face supérieure ;* 2° *Cerveau, sa base ;* 3° *Coupe du cerveau ;* 4° *La langue ;*
       5° *Coupe du cœur ;* 6° *Dentition ;* 7° *Oreille ;* 8° *Larynx ;* 9° *Coupe de l'œil ;* 10° *Œil.*
La collection complète sur toile . **100 »** Sur papier . . . . **60 »**
Légendes explicatives des planches d'anatomie, donnant la réduction en noir des planches
murales, texte français ou texte espagnol, in-12, percaline . . . . **1 »**

TABLEAUX DE PHYSIQUE

SE COMPOSANT DE DIX-HUIT BELLES CHROMOLITHOGRAPHIES
de 0 m. 80 de largeur sur 0 m. 60 de hauteur.

TABLE DES MATIÈRES :

Machines simples et machines composées, 1er groupe. — II. Deuxième groupe. — III. Balance-bascule. — IV. Presse hydraulique. — V. Équilibre des corps flottants, vases communiquants. — VI. Application de la force motrice à l'eau. — VII. Corps gazeux : leurs phénomènes. — VIII. — Pompe à incendie. — IX. Pompe aspirante à levier, machines pneumatiques. — X. Étude de la chaleur. — XI. La vapeur. — XII. Locomotive. — XIII. Étude du son. — XIV. Réfraction de la lumière dans les lentilles. — XV. Étude de la lumière. — XVI. Magnétisme et électricité. — XVII et XVIII. Télégraphe enregistreur Morse.

Prix de la Série de 18 tableaux . . . . **30 fr.**
Montés sur toile. . . . . **50 »** | Sur papier . . . . **58 »**

Ces tableaux de physique sont indispensables aux écoles qui ne peuvent, à cause de l'élévation de leur prix, se procurer les appareils de physique nécessaires aux démonstrations.

Ils sont utiles aux cabinets de physique, en ce qu'ils exposent d'une façon claire le fonctionnement intérieur de machines et d'appareils de tous genres.

Leur élégance les rend propres à l'ornement des salles d'écoles ; les élèves les y ayant constamment sous les yeux retiennent plus aisément les leçons de leur professeur.

La modicité de leur prix les met à la portée des familles qui dirigent elles-mêmes l'éducation de leurs enfants.

TABLEAUX ASTRONOMIQUES

DRESSÉS PAR M. **Félix Hément**, INSPECT. GÉNÉRAL DE L'INST. PUBLIQUE ; DESSINÉS PAR M. **Fouché**.
COLLECTION DES SIX TABLEAUX EN FEUILLES. — Prix : 10 fr.

Les tableaux se vendent séparément : Dimensions comparées des planètes. — Mars, aspect des deux hémisphères. — Comètes et nébuleuses. — Le soleil, sa dimension comparée à celle des planètes. — Lune, paysages lunaires. — Chacun . . . . **2 »**
Système planétaire : Orbite des planètes et principales comètes périodiques . . . . **4 »**
Collage de chaque tableau en sus : pour les tableaux simples, **75 c.** ; pour le grand tableau, **1 fr. 50.**
Notice des tableaux astronomiques, reproduisant les 6 tableaux avec des explications sommaires, petit in-4° oblong, cart. . . . . **1 »**

TABLEAUX ZOOLOGIQUES

Collection représentant avec une grande exactitude scientifique les types des principaux animaux, exécutés par des artistes spéciaux, et peints avec le plus grand soin dans un paysage donnant une idée exacte du pays où ils vivent. Chaque tableau, imprimé en couleur sur papier très fort, mesure 0^m88 sur 0^m66. Les 51 sujets suivants sont en vente, les autres paraîtront prochainement.

(Voir désignation au Catalogue d'enseignement).

Prix de chaque sujet **2 50**
— carton pour serrer les planches. **7 50**
Les races humaines, une feuille . . . . **3 »**
15 gravures d'animaux, pour l'enseignement des petits enfants, représentant les sujets suivants :

Chien. — Chat. — Lièvre. — Cheval. — Vache. — Chèvre. — Brebis. — Corbeau. — Poule et Coq. — Cigogne. — Oie. — Grenouille et Serpent. — Brochet et Carpe. — Hanneton et Papillon. — Araignée et Écrevisse.

Prix de chaque sujet. **2 50**

MUSÉE DES ÉCOLES PRIMAIRES
Composé par Ch. FOURCADE (déposé)

Le *Musée des écoles primaires* se compose :

1° D'une collection de 67 des principaux spécimens géologiques ;
2° De trois herbiers classés méthodiquement suivant la propriété des plantes, savoir :

En plantes agricoles.	39 échantillons ;
— médicinales	63 —
— industrielles et économiques	36 —

Une brochure explicative accompagne le *Musée*, donnant d'une façon excessivement claire et suffisamment étendue les provenances et propriétés des minéraux et des plantes.

Prix	25 »
Herbier agricole seul, accompagné d'un Traité d'agriculture pratique.	9 »
Traité élémentaire de botanique, 1 volume in-12 et un atlas d'échantillons naturels.	15 »

ACCESSOIRES POUR LES CLASSES

Attestations pour Prix

	La mille.		Le cent
INSTITUTIONS. Format in-32 carré.	4 75	CERTIFICATS D'ÉTUDES PRI-	
PENSIONNATS.	4 75	MAIRES.	15 »
ÉCOLES.	4 75	ACCESSIT in-8° raisin imprimé en	
Les mêmes, impressions or	15 00	couleur.	2 50
ÉCOLES COMMUNALES, in-16 écu.	7 50	Le même, imprimé en or.	3 80

Baguettes de moniteur.	La pièce	» 15
Baromètre pour écoles, à colonne avec thermomètre	—	6 »
Bolduc rose, 20 fils	La pelote de 40 mètres	» 60
Boussole scolaire.	La pièce	1 50
Cachet où timbre humide, gravé au nom de l'établissement, avec boîte et accessoires	— 10 à 12	»
Cadre artistique pour certificat d'études de M. Avoine, sculpteur (modèle Ville de Paris		6 50
Christ en cuivre estampé sur croix noire, 80 centimètres.	La pièce	9 »
Claquoir acajou, verni, forme livre	—	1 50
— ovale, une seule pièce.	—	75
— forme livre, grand modèle	—	2 25
Cloches en fonte pour écoles.	Le kilo	4 00
Diapason donnant le *la*.	La pièce	1 65
Encre noire écolière, en fût de 100 litres.	Le fût	32 »
— en bouteilles de grès.	Le litre	» 50
Encriers en plomb. Petit modèle, le cent 10 fr. — Grand modèle.	Le cent	12 50
Encriers faïence à recouvrement, forme chapeau	—	7 50
— sans —	—	9 »
Lettres d'invitation pour prix.	—	3 »
Livrets de notes scolaires pour garçons ou filles, pour villes ou communes (4 types).	—	10
Porte-tableaux de lecture simples en chêne, avec vis de pression et porte-guidon.	La pièce	6 05
Porte-tableaux doubles, chêne, avec vis de pression et porte-guidon.	—	12 50
Registre d'inscription pour garçons et filles, de 25 feuilles in-folio, cartonné, dos basane.	—	4 »
Registre de médecin, 25 feuilles in-folio, cartonné	—	4 »
— de visite d'inspection	—	4 »
— des visiteurs	—	4 »
Sifflets os.	—	» 50
Signal en buis	—	» 85
Sonnette pour classe n° 5, manche bois noir.	—	1 35
— n° 6	—	1 65
— n° 7	—	1 85
Thermomètres à alcool, planchette peinte.	—	» 75
— au mercure, petit modèle	—	1 75
Touches de 2 mètres pour la démonstration des cartes géographiques. . . .	—	» 50
Vierge en plâtre, 50 cent.	—	6 50

TABLES ALPHABÉTIQUES

Alphabet de majuscules, 1 feuille in-fol., (0,50 × 0,34).	La pièce	» 15
Alphabet de minuscules, 1 feuille in-fol., (0,50 × 0,34).	—	» 15
Le collage sur carton fort avec œillet, en plus.	—	» 55
Alphabet de majuscules, sur fort bristol, in-8° raisin (0,24 × 0,16). . . .	Le %	7 50
Alphabet de minuscules, — — in-8° raisin (0,24 × 0,16). . . .	—	7 50

MÉDAILLES

pour Concours, Distributions de Prix, Brevets, Récompenses, etc.

OR (à 916 m/m), ARGENT (à 950 m/m), VERMEIL et BRONZE

Nos 1 et 2 Grand Module (68 et 57 m/m) Nos 3, 4, 5, 6, Moyen Module (50, 45, 41, 36, m/m)
Nos 7, 8, Petit Module (32, 27 m/m)

FACES :	MINERVE	BEAUX-ARTS	GÉOGRAPHIE	DESSIN	GYMNASTIQUE	MUSIQUE
MODULES :	68,57,50,45,41,36,32	50, 41 m/m	50,45,41,32m/m	50,41,36,32m/m	50 m/m	57,50,45,41,36,27
REVERS :	Couronne de Laurier. (L'inscription se fait autour de la couronne et à l'intérieur.)					

FACES :	MINERVE	BEAUX-ARTS	GÉOGRAPHIE	DESSIN	GYMNASTIQUE	MUSIQUE
MODULES :	68, 50,41,36 m/m	50, 41 m/m	50 m/m	50, 41, 36 m/m	50 m/m	50, 41, 36 m/m
REVERS :	Couronne de Chêne. (L'inscription se fait à l'intérieur de la couronne.)					

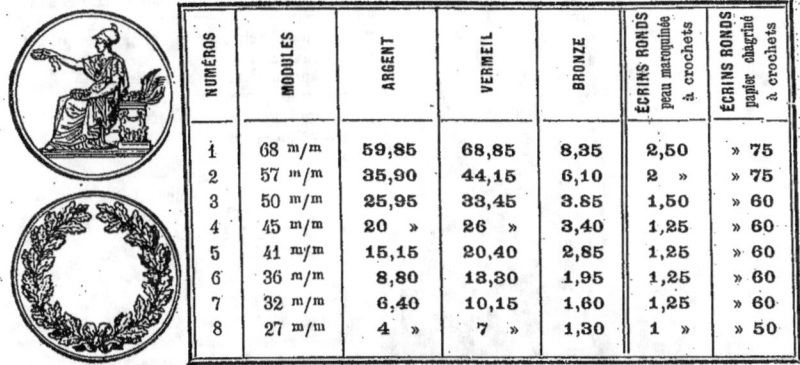

NUMÉROS	MODULES	ARGENT	VERMEIL	BRONZE	ÉCRINS RONDS peau maroquinée à crochets	ÉCRINS RONDS papier chagriné à crochets
1	68 m/m	59,85	68,85	8,35	2,50	» 75
2	57 m/m	35,90	44,15	6,10	2 »	» 75
3	50 m/m	25,95	33,45	3,85	1,50	» 60
4	45 m/m	20 »	26 »	3,40	1,25	» 60
5	41 m/m	15,15	20,40	2,85	1,25	» 60
6	36 m/m	8,80	13,30	1,95	1,25	» 60
7	32 m/m	6,40	10,15	1,60	1,25	» 60
8	27 m/m	4 »	7 »	1,30	1 »	» 50

Inscriptions lettres en creux (gravure). — Le cent de lettres. 6 50
Toute commande doit être faite 12 jours avant la date fixée pour la livraison

BONS POINTS

Sur carton de couleur fort, demi-raisin, de 80 à 200 à la feuille. . . Le cent de feuilles. 11 »

Bons points des hommes illustres. Le cent de feuilles . . . . 25 »

BONS POINTS ILLUSTRÉS DE LEÇONS DE CHOSES

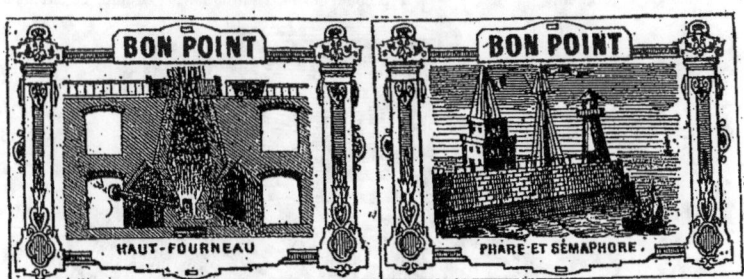

Médaille de bronze décernée par la Société pour l'instruction élémentaire.

Ces bons points représentent les choses usuelles, les professions, les nouvelles inventions, les applications de la science à l'industrie, etc.

Prix : le 100 de feuilles sur carte de plusieurs couleurs. 10 fr.—Par moins de 100 feuilles, la feuille » 15

Bons points des connaissances utiles en chromolithographie, texte au dos, mesurant chacun 0,09 × 0,11 et représentant les dix sujets suivants : le blé, le papier, la houille, le fer, le verre, la pierre, l'argile, le chanvre et le lin, le sucre, l'or, etc. La série de 10 bons points . . . . » 40

Bons points de Grammaire en chromolithographie représentant les exemples de grammaire avec texte au dos. La série de 12 bons points . . . . » 50

Récompenses scolaires pittoresques. — Collections de jolies gravures sur bois, imprimées sur carte forte avec notice explicative au verso. (0,17 — 0,13).

HISTOIRE, GÉOGRAPHIE, HISTOIRE NATURELLE, AGRICULTURE, INDUSTRIE, LEÇONS DE CHOSES, ETC., ETC.

Chaque série renfermant 25 grav. » 75. —5 séries sont en vente; les autres paraîtront successivement.

APPAREILS DE PHOTOGRAPHIE

Nous prenons la liberté d'attirer l'attention de nos clients sur la bonne qualité et la solide construction de nos appareils.

Nous n'indiquerons aucun de ces appareils réclame qu'on dénomme pompeusement *appareils de photographie* et ne sont autre que des jouets plus ou moins défectueux.

Nous garantissons tous nos appareils.

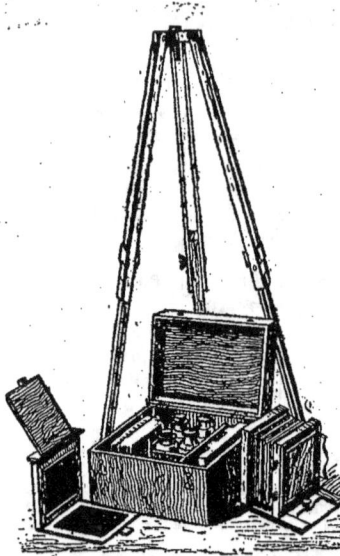

1° **L'ÉCOLIER** composé d'une chambre noire en noyer ciré, pour glaces 9 × 12, à soufflet carré en toile, glace indépendante, un châssis double ou vrant, très soigné, queue indépendante sur laquelle se fixe la chambre, dans un sens ou dans l'autre, par le moyen de vis.

1 boîte en bois, vernie jaune extérieurement et à séparations intérieures.
1 objectif achromatique pour vues et reproductions, etc.
1 loupe pour la mise au point.
1 châssis-presse pour positifs.
2 cuvettes en carton durci 9 × 12.
1 crochet corne, 1 entonnoir.
1 vase à précipiter.
4 flacons de produits.
1/2 douzaine de plaques AL.
Papier sensibilisé et papier filtre.
1 pied à coulisse, très léger.
1 lanterne laboratoire.

Prix . . . . 48 fr.

2° **LE LYCÉEN**. Composé d'une chambre noire en noyer ciré, queue ployante, mouvement à vis de rappel, soufflet toile, cône tournant, permettant d'opérer dans les deux sens, simple tirage, mouvement vertical et horizontal de planchette d'objectif, deux châssis doubles ouvrants, glace dépolie indépendante.

1 objectif achromatique, pour vues et reproductions, etc.
1 pied à coulisse.
1 boîte en bois vernie jaune, à poignée.

1 loupe pour la mise au point.
1 châssis-presse pour positifs.
1 lanterne laboratoire.
2 cuvettes en carton durci.
1 crochet corne, 1 entonnoir.

1 vase à précipiter.
4 flacons de produits.
1 douzaine de plaques AL.
Papier filtre.
Papier sensibilisé.

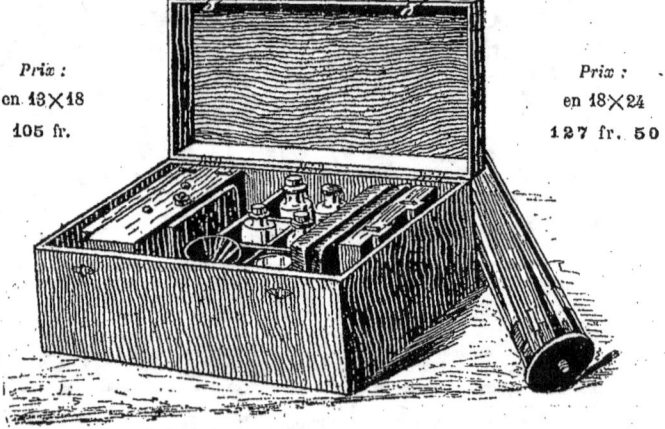

Prix :
en 13 × 18
105 fr.

Prix :
en 18 × 24
127 fr. 50

APPAREILS DE PHOTOGRAPHIE (Suite)

3° **L'AMATEUR.** Composé d'une chambre noire en noyer verni, ferrures nickelées, queue ployante à double tirage, simple crémaillère à double pignon, vis de serrage sur la tige, soufflet en peau cône tournant, mouvement vertical et horizontal de planchette d'objectif, 3 châssis doubles à bas de rideau, glace dépolie s'ouvrant sur le côté.

1 Sac en toile grise à soufflet avec courroies pour porter la dite chambre ainsi que l'objectif en bandoulière ou à la main.

1 Objectif rectiligne « Lightning ».
4 Obturateur en acajou verni.
1 Lanterne de laboratoire.
1 Loupe pour la mise au point.
1 Châssis-presse pour positifs.
3 Cuvettes carton durci.
1 Crochet corne.
1 Vase à précipiter.
1 Entonnoir carton durci.
1 Paquet de révélateur.
1 Flacon de virage.
1 Douze plaques AL rapides.
Papier filtre.
Papier sensible.
1 Pied noyer ciré à brisure et coulisse.
1 Etui toile grise.

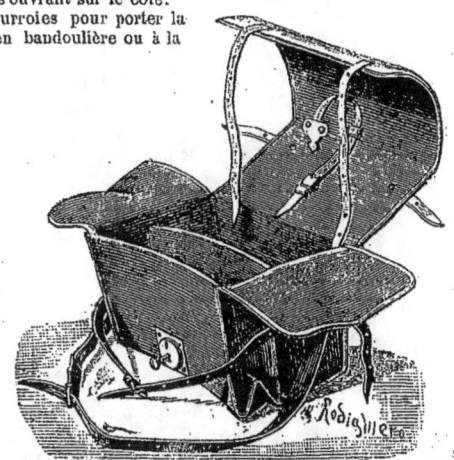

Prix 9×12 . . . . . 142 50
— 13×18 . . . . . 187 50
— 18×24 . . . . . 232 50

LE TOURISTE

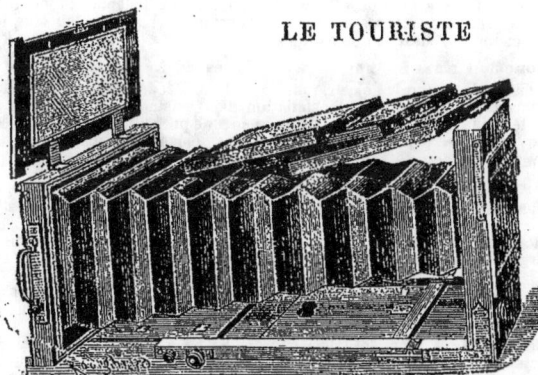

Prix :

9×12 . . . 195 »
13×18 . . . 255 »
18×24 . . . 315 »

Composé d'une chambre noire très légère, en noyer verni, ferrures nickelées, queue ployante, double crémaillère, vis de serrage sur la tige, soufflet peau à cône tournant, mouvement vertical et horizontal de planchette d'objectif, équerres en cuivre, trois châssis doubles volets à bas de rideau, glace dépolie à charnière s'ouvrant sur le côté, agrafes rivées, modèle excessivement soigné.

1 Pied en noyer ciré à brisure et coulisse.
1 Valise perfectionnée à serrure, permettant de porter la chambre et l'objectif à la main, en bandoulière ou à dos.
1 Etui de pied.
1 Objectif panorthoscopique extra rapide.

Les autres articles composant le laboratoire sont les mêmes que ceux indiqués dans l'*Amateur*.

PLAQUES AU GÉLATINO-BROMURE D'ARGENT

Marque A. L. (étiquette blanche), TRÈS RAPIDES

	8×8	9×12	13×18	18×24	21×27	24×30
La douzaine.	3.15	4.15	6.40	12.40	16.50	20.25

(Étiquettes de couleur) EXTRA RAPIDES

	8×8	9×12	13×18	18×24	21×27	24×30
La douzaine.	3.50	4.50	6.75	13.50	18 fr.	22.50

PLAQUES AU GÉLATINO-CHLORURE D'ARGENT
Marque A. L.

Ces plaques sont tout spécialement recommandées pour faire les clichés positifs de toutes sortes et pour la projection.

	Dimensions	Verre blanc		Verre douci	
VERRE ORDINAIRE . .	8× 8	la douz . . .	3fr.60	la douz . . .	4fr.65
	9×12	—	4 80	—	6 50
	13×18	—	8 »	—	10 80
	18×24	—	16 20	—	21 75
VERRE MINCE	8× 8	—	4 65	—	6 60
	8×17	—	9 »	—	12 »

Nota. — Les Glaces 8×8 en verre blanc mince sont très employées pour la projection et les 8×17 en verre douci mince pour le stéréoscope.

HOME TÉLÉPHONE (MARQUE DÉPOSÉE)

S'ajoute aux Sonneries électriques déjà existantes (Brevets Clamond B. G. D. G.

Si jusqu'ici, le Téléphone ne s'est pas répandu autant que semblaient le promettre ses merveilleux résultats, cela a tenu à son prix élevé, au prix relativement *plus élevé encore de la pose* et à ce que les appareils construits jusqu'à ce jour l'ont été spécialement en vue des communications urbaines et intra-urbaines.

Nous offrons au public sous le nom de « HOME TÉLÉPHONE » un Téléphone fonctionnant parfaitement et offrant de grands avantages sur tout autre comme prix, netteté de son, facilité de pose et comme application aux usages domestiques.

Adjonction aux Sonneries électriques déjà existantes

Dans toute installation de sonneries électriques le « HOME TÉLÉPHONE » peut s'adapter aux fils tout posés ; il permet ainsi d'ajouter à l'installation déjà existante et pour ainsi dire sans frais de pose, un Téléphone qui reproduit la parole avec une perfection absolue. De dimensions très restreintes (diamètre 6 centimètres) et de forme élégante, il est appelé à prendre place partout où il y a un bouton de sonnette électrique.

Installations nouvelles

Le « HOME TÉLÉPHONE » est destiné à devenir un élément utile de la vie domestique et à rendre de nombreux services au Commerce, à l'Industrie, aux Administrations, Lycées, Pensions, etc. Il convient spécialement aux communications d'appartements, d'hôtels, de bureaux, d'un concierge avec les divers étages, d'une habitation de campagne avec ses dépendances, etc., etc.

Dans toutes les installations nouvelles le « HOME TÉLÉPHONE » prendra, avec avantage, la place des sonneries électriques ordinaires, puisqu'il contient un poste téléphonique d'une sensibilité si parfaite qu'il permet de parler à distance.

D'une construction robuste, il ne se dérègle jamais. — La pose en est tellement simple qu'elle n'exige aucun spécialiste, le premier venu peut s'en charger en suivant l'instruction qui accompagne l'envoi (condition précieuse pour les installations à faire à la campagne).

Le « HOME TÉLÉPHONE », malgré ses dimensions restreintes, s'applique également aux grandes distances.

PRIX—COURANT :

Nº 1. Appareil applique
Convient aux installations de sonneries déjà existantes. La pose peut se faire par le client lui-même, en suivant le dessin fourni avec les appareils. Prix. . . . 22 50

Nº 2. Fils et Câble
Fil simple sans gutta. 0 13
Câble à 3 conducteurs. 0 50
Câble à 3 conducteurs sous plomb. . 1 25

Nº 3. Appareil Presse-Papiers
Avec 2 mètres 50ᶜ de câble flexible, recouvert en soie, à 3 conducteurs pour bureaux, salle à manger, etc. Prix. 26 25

Nº 4. Sonneries
Montées sur métal
1ʳᵉ grandeur. 7 50
2ᵉ grandeur. . . . . 10 »
3ᵉ grandeur. 12 50

Nº 5. Piles. — Vases poreux, par trois éléments avec boîte. 13 75

IMP. NOIZETTE, 8, RUE CAMPAGNE-PREMIÈRE, PARIS.

www.ingramcontent.com/pod-product-compliance
Lightning Source LLC
Chambersburg PA
CBHW071424220526
45469CB00004B/1423